LA

MORALE DE L'IRONIE

AUTRES OUVRAGES DE FR. PAULHAN

LIBRAIRIE FÉLIX ALCAN

BIBLIOTHÈQUE DE PHILOSOPHIE CONTEMPORAINE

LA MORALE

DE

L'IRONIE

PAR

FR. PAULHAN

DEUXIÈME ÉDITION

PARIS

LIBRAIRIE FÉLIX ALCAN

108, BOULEVARD SAINT-GERMAIN, 108

1914

LA MORALE DE L'IRONIE

CHAPITRE PREMIER

LA CONTRADICTION DE L'HOMME

§ 1.

Une large contradiction soulève l'humanité contre elle-même, et j'y vois la raison d'être de toute notre morale. C'est l'opposition que crée visiblement en chacun de nous la dualité de l'homme, animal social, et de l'homme, individu égoïste. Notre vie entière, nos sentiments, nos idées, notre conduite font saillir continuellement cette discorde, révèlent cette incohérence, cette scission de notre moi. C'est d'elle que sort toute notre vie morale, avec ses joies et ses remords. Elle est la cause non point unique, mais prépondérante sans doute, de nos luttes intérieures et de nos hésitations. Elle produit les plus fortes, les plus vives,

les plus dramatiques et les plus angoissantes.
Partout elle agit, non seulement sur notre
vie personnelle, mais sur la naissance, le développement, l'expression de nos idées sur le
monde et de nos conceptions politiques et
sociales. L'individualisme, l'anarchisme, le
collectivisme sont là pour en témoigner, ainsi
que bien des tentatives diverses de synthèse
et de conciliation entre différentes doctrines.

La lutte du moi individuel et du moi social
fut bien souvent remarquée. Comment ne l'eût-
elle pas été ? Je crains qu'on n'en ait pas
assez reconnu l'importance.

On a certainement voulu ne pas la voir tout
en la voyant. On a voulu aussi en dissimuler
la force et la nécessité. C'est un des mensonges primordiaux de la morale que de nous
voiler l'antagonisme irréductible et perpétuel
qui fait de chaque individu l'ennemi de tous
les autres, pour déployer à nos yeux la solidarité tout aussi réelle, qui les relie et les
contraint à se rendre, même sans le vouloir et
sans le savoir, même contre leur gré, des services réciproques. Un autre mensonge primordial, c'est d'avoir, en reconnaissant l'opposition
intime des deux moi, tâché de la compenser
par une immense quantité d'idées suspectes et
de sentiments factices. Et souvent les formes
récentes de l'éthique, celles mêmes qui repous-
seraient, comme trop discrédité, le titre de
« morale », ne font que donner inconsciemment
une forme nouvelle à ces mensonges éternels.

§ 2.

Ces conflits entre la vie individuelle et la vie sociale ne désorganisent pas aussi profondément tous les êtres. Pour autant que nous en pouvons juger, c'est surtout chez l'homme qu'ils éclatent. Et c'est à cette imperfection, à cette incohérence de sa nature, jointe à son plus grand développement intellectuel (qu'elle a dû, à certains égards, favoriser), que l'homme doit d'être, par excellence, l'animal moral.

Dans les autres espèces il semble que le lien social soit plus serré parfois, et, en général, beaucoup plus lâche que chez l'homme. Chez les abeilles, chez les fourmis, la vie sociale paraît l'emporter sur la vie individuelle. La personnalité d'une abeille ou d'une fourmi, en tant qu'ayant une vie distincte, opposée à celle de son groupe social, ne frappe point par son importance. Au contraire chez bien des animaux sauvages comme le lapin, le lièvre, la caille, le perdreau même, la vie sociale est peu développée et la vie individuelle ne s'y soumet guère. Sans doute une ébauche de vie sociale se dessine, et l'individu se soumet à un intérêt collectif lorsque la famille se forme et durant le temps où les petits ont besoin des soins de leur mère. Mais ici même les conflits ne s'accusent pas. On jugerait plutôt l'individu pleinement adapté à cette vie sociale passagère, et

l'on ne constate pas de lutte vive, d'antagonisme durable entre les désirs de l'individu et
les exigences de la famille et de la race. La
vie sociale, en ces cas, s'impose sans trouble
apparent, sans intervention d'une volonté réfléchie. Je ne dis pas qu'il en soit toujours ainsi, et
même j'affirmerais plus volontiers le contraire.
Mais, d'une manière générale, l'harmonie de la
vie individuelle et de la vie sociale paraît à
peu près faite chez l'animal. Elle le paraît surtout dans les cas limites, où les individus, encore
plus étroitement unis ou complètement soudés
les uns aux autres, voient diminuer ou se perdre
leur existence distincte, dans des cas comme
celui du tænia par exemple. C'est ici le triomphe
de la « moralité organique », c'est-à-dire l'ab-
sence complète de ce que nous entendons en
général par « morale ».

Il est au moins une espèce animale, pourtant,
où s'ébauchent les rudiments d'une moralité
analogue à la nôtre, et c'est l'espèce canine.
Chez le chien, on l'a souvent fait remarquer,
vivent, au moins sous des formes rudimen-
taires, les sentiments religieux et les sentiments moraux. C'est qu'ici nous avons changé
les conditions d'existence de l'espèce et altéré
son harmonie mentale. Nous avons imposé à
l'animal des rapports sociaux, auxquels il
n'était pas adapté, en nous l'attachant, en l'in-
troduisant dans notre existence, et surtout en
nous annexant la sienne. La systématisation
de sa vie personnelle et de sa vie sociale en

compagnie de l'homme n'a pas pu s'accomplir si parfaitement que tout trouble en ait disparu. C'est cependant un résultat singulier que la création de l'instinct du chien d'arrêt. La tendance primitive y fut fort bien enrayée et remplacée par une autre qui s'y trouve, sur certains points, directement opposée. Mais dans bien des circonstances, l'opposition s'élève entre l'intérêt, les désirs personnels du chien, et nos désirs à nous, le dieu qui lui dicte sa morale. De là des hésitations, des luttes, un sentiment naissant du devoir, et, selon les cas, des remords. Je me rappelle une chienne qui m'accompagnait à la chasse avec de vives démonstrations de joie. Quand elle avait des petits à nourrir, elle venait encore avec moi, mais à un moment donné, elle m'abandonnait, s'enfuyait en courant, la tête basse, en évitant autant que possible mon regard et ma voix. Le sentiment et la lutte d'obligations distinctes, de tendances opposées était assez visible. Le cas du chien est vraiment significatif.

§ 3.

Mais je n'effleure la psychologie animale, encore assez obscure, que pour mieux faire comprendre, par la comparaison, ce que c'est que la morale humaine, quelle nature elle révèle, et aussi quel degré, quel état de développement. Des êtres n'ont nul besoin de morale réfléchie qui sont par nature adaptés à la vie sociale. Et ils n'en ont que faire non plus ceux qui n'ont pas à s'y adapter parce qu'ils ne vivent pas en société. Sans doute leur en faudrait-il une encore si leur vie individuelle était incohérente, troublée et que leur intelligence fût assez développée cependant. Ou, sinon précisément une « morale », quelque chose du moins qui ressemblât à cela. Mais la vie individuelle peut en général se poursuivre assez heureusement sans intervention bien nette de l'effort volontaire et de l'intention morale, à moins qu'elle ne soit viciée par l'influence de la vie en société. L'opium et l'alcool sont des produits sociaux, et, par notre intermédiaire, ils arrivent parfois à gâter même la vie des bêtes.

L'homme à peu près seul, ou tout à fait seul parmi les êtres que nous connaissons, reste assez éloigné de ces deux situations extrêmes et nettes. Il vit en société, mais il est resté un individu vivant d'une vie propre et dont les intérêts s'opposent toujours plus ou moins aux intérêts de l'ensemble dont il est un élément. On a imaginé qu'un être supérieur, sur notre planète, au lieu de sortir de la famille des singes, aurait pu prolonger, par exemple, la race de l'éléphant ou quelque autre espèce analogue et voisine. Il serait plus intéressant, peut-être, de se demander ce qui serait advenu si un être supérieur avait surgi par le développement d'une espèce très socialisée, des abeilles, par exemple, ou des fourmis. Cela permettrait des considérations curieuses, et bien incertaines, que la fantaisie de chacun peut greffer assez librement sur la réalité.

Mais l'homme paraît issu d'une espèce animale où la sociabilité, sans être nulle, n'était pas très avancée. Des circonstances qu'on peut imaginer, et tout au plus entrevoir, mais sur lesquelles des données précises et suffisantes font défaut, l'ont engagé dans le tourbillon social. Maintenant il y est pris et entraîné de manière à ne pouvoir même rêver sérieusement qu'il s'en dégage. La société fait et défait, ou du moins contribue continuellement et pour une part très importante, à faire et à défaire nos sentiments et nos croyances, à diriger notre conduite. Nous ne sommes plus tout à fait nous-mêmes. Chacun de nous est en même temps, et à des degrés divers, tous les autres. Il est ses ancêtres, et il est aussi ses contemporains, et même il représente en quelque sorte les gens de l'avenir. Cela est si vrai que le subjectivisme de la métaphysique, au lieu de ne s'appliquer qu'à un individu abstrait, peut parfaitement s'entendre comme conditionnant l'activité d'un ensemble systématisé d'esprits, d'une société, d'une race, de l'humanité même. Et c'est une partie, une grande partie de l'œuvre de Comte que d'avoir tenté de réaliser, au moins en théorie, ce subjectivisme de groupe. Il n'est rien en nous qui ne soit, à quelque degré, social, qui n'ait été influencé, produit, transformé par l'ensemble auquel nous appartenons, par la société qui nous a précédés, qui nous entoure, et qui nous survivra, sur laquelle nous avons poussé comme une feuille caduque sur un chêne centenaire. Rien, pas une de nos idées, pas une de nos impressions, pas un de nos désirs, et pas un de nos actes. Et j'ai tâché ailleurs de montrer comment l'esprit était, de ce point de vue, une synthèse de produits sociaux [1].

C'est même à la société qu'on a voulu rattacher l'esprit humain comme à sa cause et à sa substance. Notre âme ne serait point l'expression de notre organisme, mais de notre société. C'est la cité qui la crée. Ces théories qu'entrevit Comte, que développèrent M. de Roberty et plus tard M. Izoulet, que reprenait récemment M. Draghicesco, ces théories sont bonnes. Seulement il faut les compléter, en disant, à la manière de Leibniz si l'on veut, que tout est social dans l'âme individuelle, excepté son individualité même qui subsiste, qu'il ne faut pas oublier, et qui, dans la pratique, ne permet pas qu'on l'oublie.

Si toute une société se réfléchit ou s'insinue en nous, notre moi n'en reste pas moins une chose originale, isolée, seule de son espèce. C'est un miroir qui reflète ce qui l'environne, et qui existe par lui-même. De plus, c'est un miroir dont la courbure ne ressemble exactement à celle d'aucun autre, et qui déforme les objets

---

1. Voir *L'Activité mentale et les élémens de l'esprit.* Paris, F. Alcan.

d'une manière inimitable. Toutes les influences qui assaillent notre moi et qui le pénètrent, y luttent, s'y contrarient et s'y transforment ; elles s'y exaltent ou s'y atténuent l'une l'autre, elles y changent de nature ou s'y combinent en des modes nouveaux. Et l'individu, cet appareil de synthèse unique, comparable sur certains points à tous les êtres, et sur plus de points aux êtres de son espèce, de sa race, de sa nation, de son temps et de sa famille, reste absolument original dans son existence propre, dans son ensemble concret. Cette irréductible originalité, issue, pour une part au moins, de la diversité des influences qui s'exercèrent sur chacun de nous, des conditions qui ont préparé dans l'infini du temps le germe d'où nous devions sortir et qui ont agi sur son développement, cette originalité se traduit partout et constamment en nous. Elle se révèle dans l'enchaînement de nos idées, dans la forme que prennent chez nous les impressions et les désirs, dans le moindre de nos actes, dans les mille détails de notre vie psychique, dans le timbre irréductible que revêt en passant par chacun de nous la grande voix de l'humanité. Nous ressemblons plus ou moins à tout le monde, nous ne ressemblons entièrement à personne. L'originalité varie beaucoup d'un esprit à l'autre, mais elle existe chez tous et partout. S'il n'est rien en nous qui ne soit social et que nous ne devions aux autres, il n'est rien en nous qui ne soit proprement nôtre et que nous n'ayons marqué d'un sceau, plus ou moins net, mais unique.

De la diversité naît le conflit. Je suis les autres, mais je suis moi. Je suis uni aux autres pour toujours, et, pour toujours aussi, je leur suis opposé. La douleur de mon voisin est toujours, peut-être imperceptiblement, *ma* douleur, et son bien est *mon* bien. Cependant, s'il se casse la jambe, je puis marcher encore, et il est possible que je meure de faim quoiqu'il soit riche. Si tous les autres hommes mouraient, la vie me serait difficile, impossible peut-être, mais si je sacrifie ma vie à un autre, cet autre continuera de vivre quand je ne serai plus, et déjà, en vivant près de moi, il me prend une partie de ma vie. Chacun est à la fois les autres et l'ennemi des autres. Il se pose par eux, il existe par eux, mais il s'oppose à eux, il ne jouit guère qu'en leur causant quelque dommage, il profite de leurs souffrances, il ne vit que de leur mort. Nos ancêtres revivent en nous, mais s'ils vivaient encore par eux-mêmes il n'y aurait point de place pour nous sur la terre. Chacun est à la fois l'autre et le non-autre, un homme ne peut vivre que *par* autrui, il ne peut vivre que *contre* autrui, comme les autres ne peuvent subsister que par lui et contre lui.

C'est le conflit tragique de l'existence, et c'est de lui que sort la morale. Pour comprendre celle-ci, considérons ceux de ses préceptes qui ne regardent que nous, ou plutôt supposons que les prescriptions de la morale individuelle ne concernent que l'individu.

Ceci est manifestement faux. Si nous devons ne pas devenir alcooliques, ce n'est pas seulement pour notre agrément, mais aussi et surtout pour les maux sociaux qui sortiraient de notre vice. Et que le suicide même soit si souvent blâmé, cela est fort significatif.

Mais supposons un moment que les règles de la morale individuelle ne se rapportent qu'au bien de l'individu. Elles deviennent alors une sorte de corps de préceptes d'hygiène physiologique et d'hygiène mentale. Par exemple il sera recommandé à l'homme de résister à certains désirs excessifs pour conserver sa santé, de ne pas céder aux tentations de la colère pour en éviter les suites fâcheuses, de prendre certaines habitudes de régime, de propreté, etc., en dépit des goûts différents, ou de la paresse, qui le pousseraient à agir autrement ou à ne pas agir.

En tout cela il s'agit de sacrifier quelques désirs, quelques éléments psychiques, d'en fortifier d'autres, pour arriver à une meilleure santé, à une plus grande vigueur du corps et de l'esprit. Cela suppose quelques sacrifices, sans quoi nous vivrions naturellement pour le mieux, et tout précepte serait superflu. Mais quoique les éléments psychiques, les idées, les désirs, les émotions et l'immense foule obscure d'états inconscients ou presque inconscients qui les soutient soient mieux harmonisés dans l'indi-

vidu que les hommes dans la société, cependant
les conflits sont continuels parmi eux. La
société d'éléments organiques et psychiques
qui compose l'individu a aussi ses troubles, ses
insurrections, ses coalitions, ses incohérences.
C'est pour cela qu'elle s'est donné des préceptes d'hygiène physique et morale, de morale
individuelle.

§ 4.

C'est pour le même motif qu'est née et que
s'est développée la morale, au sens ordinaire
du mot. Et, comme dans le monde social le
trouble était plus grand, l'appareil qui devait y
remédier s'est aussi bien plus largement déve-
loppé. Quand une plaie déchire nos tissus et
que des microbes dangereux menacent de les
envahir, le sang s'y porte pour prévenir ou
pour réparer les désordres organiques, les glo-
bules sanguins accourent défendre l'organisme,
de même un désordre social attire les idées,
multiplie les impressions, provoque la formation de théories nouvelles et fait inaugurer bien
des pratiques diverses. Il s'épanouit toute une
floraison de pensées, de doctrines, de sentiments, d'actes qui naissent à l'occasion de ce
désordre et tendent, spontanément ou volontairement, à le réprimer. Et si j'ai, pour fixer
les idées, rapproché la vie individuelle et la vie
sociale, on entrevoit, je pense, combien celle-
ci est plus claire, plus nette, plus visible en ses

détails, et comment c'est elle surtout qui peut éclairer la vie physiologique et la vie mentale et nous les faire comprendre.

La situation était évidemment très grave. L'homme, par le hasard, si je puis dire, de ses origines animales, se trouvait assez bien organisé pour la vie individuelle, assez mal adapté à une vie sociale développée. Les circonstances qui l'ont amené à s'engager dans celle-ci ne l'ont pas tellement transformé qu'il ait pu, d'emblée, s'y trouver à l'aise. En devenant « les autres », il est cependant resté « lui-même ». Et, en le formant, la société l'a déformé, car elle ne l'a pas assez profondément modifié pour que sa nouvelle forme ait pu remplacer tout à fait l'ancienne.

La déformation saute aux yeux. Si l'incohérence des sociétés humaines a rendu nécessaire la morale sociale, comme nous le verrons mieux tout à l'heure, c'est d'elle aussi que dérive la morale individuelle avec tout ce qui s'y rattache. Elle a perverti nos instincts naturels. Je veux dire qu'elle les a amenés à s'exercer dans des conditions auxquelles ils ne s'étaient point formés et qu'ils ont alors hésité, tâtonné, ou pris résolument des voies dangereuses. On a souvent remarqué que l'animal aime et recherche naturellement ce qui lui est utile ou nécessaire. Il s'écarte en général, instinctivement, de ce qui peut lui nuire. C'est la condition nécessaire de la survie d'une espèce. Les ancêtres de l'homme n'ont pas pu ne pas

la présenter. L'homme lui-même garde des
instincts utiles, la finalité spontanée, organique
et psychique, domine encore en lui, mais la
société, la civilisation, en ont troublé l'exercice. Le goût pour l'alcool, l'habitation dans
des logements malsains, l'activité physique et
mentale prolongée à travers la nuit, l'entasse-
ment dans les théâtres et les lieux de réunions,
la gourmandise exagérée, tant de pratiques
qui flattent nos goûts et nuisent à l'équilibre du corps et de l'esprit, montrent assez
que nos instincts n'ont pu se plier à notre
situation nouvelle. Troublés par le changement
d'existence, ils n'ont pas su reprendre leur
harmonie. Nous sommes constamment obligés
de chercher à les conformer à notre vie nouvelle. Les instincts de l'animal, soumis à de
semblables causes d'erreur, se montrent insuf-
fisants aussi. L'animal se laisser aller à l'alcoo-
lisme quand l'homme lui en donne l'occasion.

Ainsi, les instincts de l'homme mis en
désarroi par la transformation de la vie, il a
fallu subvenir à leur insuffisance. Notre intelligence, notre sensibilité, notre volonté, nos
théories et nos doctrines morales, tout ce que
l'on considère comme faisant « la grandeur de
l'homme » vient de là. En ce sens il est juste
de dire que c'est la Cité qui a fait l'âme. Mais
c'est qu'elle avait commencé par la défaire.

§ 5.

Nous surprenons aisément dans la vie des sociétés la nature de la morale et ses mensonges singuliers.

La société me sert et me nuit à la fois. Quel est, *en tant qu'individu*, mon intérêt, et ma tendance naturelle ? C'est, bien évidemment, de profiter des bénéfices que j'en puis tirer, et de repousser de mon mieux les charges qu'elle prétend m'imposer en échange. J'accepterai volontiers tous les services que mes compagnons voudront bien me rendre ; je leur en rendrai volontiers moi-même quand cela me sera agréable ou quand j'y trouverai mon profit. Il m'arrivera aussi de faire quelques sacrifices, soit par affection naturelle, soit pour acheter un plaisir au prix d'un plaisir moindre. Il serait étrange que, du point de vue de l'individu, on me demandât davantage. Agir autrement serait pure folie. L'hygiène personnelle la plus élémentaire interdit sévèrement de tels écarts. Si j'aime mieux rester à sec sur le rivage que prendre le plaisir de plonger pour repêcher un enfant qui m'est indifférent, rien ne peut faire — à ne considérer en moi que moi — qu'il soit raisonnable de risquer ma vie ou même de compromettre ma digestion pour tenter un sauvetage.

Ce sont là des vérités évidentes et que tout le monde connaît. Mais il est convenu qu'on n'en

doit pas convenir. Et c'est là un des mensonges
de la morale et qui se rattache à l'illusoire
construction dont nous verrons le mécanisme.

§ 6.

En nous, il n'y a pas que nous, il y a aussi
les autres. Tous les autres : nos ancêtres et nos
contemporains, et nos descendants, ceux que
nous aimons, ceux que nous croyons indiffé-
rents, et ceux que nous haïssons, notre patrie
et toutes les patries, tous les groupes sociaux,
et l'humanité entière, ou du moins le germe de
l'humanité. Il y a même le monde en raccourci.

Il arrive ainsi que nous préférons tout naturellement le bien des autres. Disons mieux : les
autres qui sont en nous, et, sur quelques points
plus forts que nous, nous font agir dans le sens
de leurs désirs, et contrairement aux nôtres,
contrairement, au moins, à ce que seraient les
nôtres si les autres n'étaient pas en nous.
Toute société est une combinaison et un mélange. Celui avec qui nous entrons en rapports
sociaux s'insinue en nous, fait partie de nous.
Plus les relations se multiplient, plus le lien
social se serre, plus les nœuds se compliquent,
et plus aussi nous sommes envahis en même
temps que nous envahissons, plus nous devenons autrui. Ainsi abandonnons-nous un plaisir à un ami, même, par politesse, à un indifférent, et parfois à un adversaire déclaré, sans

autre compensation que la joie de celui qui
en profite à notre place. Une mère sacrifie son
bien-être à ses enfants, un amoureux à son amie.
Parfois un homme renonce à la vie plutôt que de
laisser périr d'autres hommes, ou plutôt que de
ne pas obéir à des commandements moraux ou
religieux que la société lui a inculqués, et qui
représentent, en lui et pour lui, soit les désirs
d'autrui, soit la société, soit la volonté de
Dieu, ou quelque rêve d'idéal, quelque obscure
loi d'un monde meilleur vaguement entrevu.

En agissant ainsi l'homme poursuit son
propre bien, parce que le bien des autres est
devenu le sien, parce que l'altruisme s'est
ainsi partiellement confondu avec l'égoïsme,
parce que les autres, en lui, sont devenus lui,
et que le monde extérieur, en tant qu'il agit
sur notre esprit et par notre esprit sur notre
conduite, devient une partie de nos idées et de
nos sentiments. Ce n'est qu'en pénétrant en
nous, en s'assimilant à nous, en nous assimilant à eux, en devenant réellement nous-mêmes,
que les autres peuvent nous influencer et nous
déterminer à l'action. Qui me ferait agir —
hors, peut-être, les cas de violence mécanique
— si ce n'est moi-même, mes sentiments et
mes idées, mes impressions, mes images et
mes perceptions? Et comment les autres inter-
viendraient-ils dans notre vie, si ce n'est en
devenant notre propre substance?

Ils sont parfois très forts en nous. Des idées
et des sentiments qui les représentent devien-

nent instinctifs et comme inconscients. Ils nous
dominent sans que nous le voulions et sans
que nous le sachions. Et le dévouement de
l'homme, en un tel cas, est pareil à celui dont
l'oiseau protège ses petits tant que ceux-ci ont
besoin de soins. L'homme en qui dominent les
autres, celui qui aime passionnément une personne, un peuple, ou même une abstraction
représentative sera malheureux s'il ne peut se
dévouer. L'égoïsme lui est exécrable et anti-
naturel ou plutôt, en tant qu'il se confond
avec les autres, l'égoïsme et l'altruisme se
confondent en lui et ne se peuvent discerner. Le
moi indépendant s'est affaibli au point que le
sacrifice en soit une nécessité et que l'entretien
et la conservation puissent en devenir un far-
deau. L'acte altruiste et désintéressé trouve alors
en lui-même sa récompense. Il apaise l'instinct
puissant où l'égoïsme et l'altruisme se sont
amalgamés, il correspond au désir le plus fort,
il contente l'individu qui l'accomplit parce qu'il
satisfait ce qu'il y a de plus fort en lui, une
personne aimée, une race entière, en un mot :
les autres.

Mais ce n'est point là le cas universel. Si les
instincts qui nous adaptent au milieu social
et au milieu cosmique étaient toujours les plus
forts, nous agirions moralement comme nous
digérons et comme nous respirons, avec la
même spontanéité. C'est dire que nous n'aurions
pas besoin de ce qu'on entend en général par
une « morale ». Si quelque trouble survenait,

il suffirait de nous montrer les conséquences de nos actes, de donner quelques conseils pratiques analogues aux conseils d'hygiène que provoque ce qui reste de volontaire dans l'exercice de la respiration ou de la digestion. C'est pourquoi les animaux, relativement moins incohérents que nous et mieux adaptés à leur vie plus simple, se passent d'une « morale » et c'est pourquoi aussi les rudiments en apparaissent chez eux quand nous voulons les adapter, comme nous avons faits pour le chien, à des rapports sociaux auxquels leur nature n'était point accommodée, pourvu que leur vie mentale soit assez riche et assez forte.

Je simplifie ici la réalité en opposant dans l'homme le « moi » et les « autres ». D'une part le « moi » est souvent mal unifié, d'autre part les « autres » ne sont pas toujours d'accord entre eux et ils se battent en nous. Il se pourrait que l'homme fût altruiste bien plus qu'il ne l'est, complètement altruiste même, si ces mots ont un sens, et qu'il eût cependant besoin d'une morale, si son altruisme restait étroit et trop spécialisé. Ce que veut la société, ce n'est pas que telle ni telle personne, mais que la société entière se réalise en nous et par nous. On sait assez que cela ne se voit guère. Chez les plus désintéressés, chez les plus affectueux, chez ceux qui sont le plus les autres, ces autres ne sont pas toujours ceux que voudrait voir en eux, si je puis dire, le génie social. Le dévouement d'une mère à son enfant, l'amour

passionné d'un amant pour sa maîtresse peuvent
leur faire sacrifier à « l'autre » qui est en eux,
bien d'autres êtres, des individus, des groupes,
des peuples. L'instinct altruiste et grégaire se
forme mal. L'homme s'y est peut-être pris trop
tard pour devenir un être social. Il y était
mal préparé par son hérédité peut-être, ou les
circonstances ont peu favorisé sa transformation. Le « péché originel », l'individualisme
primitif le tient encore. Pour qu'il s'en débarrasse, la tâche est immense, impossible peut-
être. Il ne sait comment s'y prendre, et ses
nouveaux instincts, grossiers, confus, aveugles,
le font errer en bien des voies douloureuses.
Pour ne pas trop compliquer l'exposition et la
discussion du problème, je ne m'occuperai
guère de ce côté de la question.

§ 7.

L'action individuelle des autres hommes et
l'action sociale qui résulte de leur combinaison
ont construit dans l'âme humaine, avec la
complicité de certains penchants égoïstes
qui y trouvaient leur profit, un édifice de
sentiments et d'idées qui viennent fortifier et
seconder la partie sociale, altruiste, désinté-
ressée de l'âme humaine et nous fondre de plus
en plus, les uns et les autres, en un seul être.
C'est un étai nécessaire. Comme les murs
des églises gothiques sous la poussée de la

voûte, les instincts altruistes et désintéressés incarnés dans l'homme, menacent constamment de céder sous le poids des désirs égoïstement personnels. Il était nécessaire que des contreforts extérieurs vinssent s'accoler à l'édifice pour le consolider et lui donner la durée. Ces contreforts, si ce n'est pas précisément la morale qui les a tous fournis, c'est elle au moins qui veut en apprécier la valeur, les choisir et les imposer.

En dehors de cas exceptionnels, l'homme n'est guère porté au sacrifice de lui-même. Certains instincts, hérités en partie de ses ancêtres animaux, la passion amoureuse, la tendresse filiale ou maternelle, l'amitié même l'y poussent parfois. Mais qu'il doive y avoir un « sacrifice », c'est ce qui prouve la persistance du moi égoïste à côté des autres. Et d'autre part on entrevoit bien chez l'homme la formation d'un instinct plus proprement social, qui naît sans doute par la contrainte d'abord et sous la pression de l'intérêt personnel, par l'attraction aussi, qui se développe par l'habitude, par le jeu normal des institutions, par le fait que nous sommes continuellement emboîtés dans un ensemble social organisé, poussés, contenus, surveillés et dirigés par lui. Ainsi, grâce à l'école, aux tribunaux, aux gendarmes, nous arrivons à payer régulièrement nos impôts, à faire notre service militaire, à nous priver de tuer, de blesser autrui, de prendre ostensiblement son bien. Mais la nature précaire

de cet instinct est trop évidente. Lorsque
l'homme est délivré du joug social habituel,
livré à lui-même sans contrôle et sans règle
imposée, il se débarrasse de bien des pratiques
morales qu'il suivait assez naïvement et sans
bien s'en rendre compte. Il suffit, pour reconnaître la fragilité de l' « humanité » dans
l'homme, de se rappeler les excès où le pouvoir
absolu conduisit jadis ceux qui l'ont exercé, ou
les faits qui se passent de nos jours encore en
temps de guerre, surtout quand les adversaires
ne sont pas de même race et de même couleur,
les massacres désintéressés, les pillages, les
viols, ou bien les exactions, les violences
exercées dans de lointaines colonies où la
pression sociale n'arrive que bien atténuée.

§ 8.

Le moi et les autres ne s'entendent guère.
Leurs intérêts diffèrent, et les conflits abondent.

Il est clair que si leurs intérêts s'harmo-
nisaient naturellement, le problème de la conduite serait bien simplifié, et, à supposer qu'il
ne disparût pas, se transformerait singulièrement.

C'est ce que l'on a tâché de réaliser. Établir
le maximum d'harmonie et de solidarité entre
les individus, entre les groupes, entre les
peuples, c'est un idéal qui s'impose et que

chacun, du reste, se représente à sa manière. En politique, l'absolutisme, le libéralisme, le socialisme et l'anarchisme même, tels que le conçoivent au moins quelques-uns de ses partisans, sont des tentatives variées et contradictoires pour réaliser l'harmonie des intérêts et des désirs, comme aussi pour fortifier les divers sentiments, — respect, soumission, crainte, sens de l'indépendance, initiative individuelle, esprit de concurrence, désir d'égalité, — par qui chacun s'imagine que la société va se fortifier ou s'épurer. Ainsi Joseph de Maistre trouvait dans le bourreau le fondement de l'ordre social que d'autres croient reconnaître dans la justice, dans l'amour ou dans la concurrence.

Il ne faut pas nier qu'on puisse arriver ainsi à quelques résultats. Les « autres » étant trop faibles, on détourne à leur profit une partie des forces du « moi ». Telle habitude sociale, telle loi, la crainte d'un dommage ou d'un châtiment, l'espoir d'une récompense ou d'un gain, une organisation nouvelle des relations mettent mon intérêt en harmonie avec celui des autres. Celui-ci va donc profiter de l'ardeur et de la conviction qui s'attachent au premier. L'employé qui participe aux bénéfices de son patron peut montrer plus de zèle pour augmenter ces bénéfices. Et la crainte du gendarme met l'intérêt du possesseur d'accord avec celui du voleur possible, mais intimidé.

§ 9.

Seulement, tout cela reste ridiculement insuffisant. La solidarité sociale a des mailles
fort lâches par endroit et d'autre part elle est
trop étroite et nous blesse. L'homme adroit
peut tricher au jeu, il s'arrangera pour profiter des avantages sans en rendre l'équivalent.
Il comptera sur la police et les tribunaux pour
se préserver du vol et tâchera lui-même de
voler sans attirer leur attention. De même
pour tout.

Si ces tricheries sont inévitables, il était
inévitable aussi qu'elles fussent poursuivies ou
prévenues. Puisque l'homme s'est habitué à ne
pouvoir vivre qu'en société, il devait naître en
lui, et dans les groupes qu'il compose, une
sorte d'instinct social, d'âme collective, trop
faible pour lutter avec un succès continu contre
les désirs égoïstes, mais qui pourrait compenser sa faiblesse par la ruse. Cet instinct social,
c'est l'ensemble ou la résultante de tous les
sentiments, de toutes les idées, de toutes les
impressions, de toutes les tendances, des perceptions mêmes et des faits inconscients ou
subconscients qui, en nous, représentent les
autres, qui introduisent les autres dans l'intimité de notre esprit, qui les font participer à
notre vie mentale; c'est la partie de nous qui
ne nous appartient plus mais veut nous con-

quérir, qui lutte contre nous et qui nous trompe
lorsqu'elle ne peut nous vaincre. Et c'est aussi
la combinaison qui résulte de tous ces « nous »
installés dans tous les « moi », de leurs actions
et de leurs réactions continues, de leur synthèse,
qui constitue une sorte d'âme sociale, exprimant
la société comme l'âme de chacun exprime
l'individu.

Et en effet l'esprit social, l'âme collective
s'est ingéniée. Sans que l'homme en eût conscience, et parfois même tandis que l'homme
croyait agir sans elle ou contre elle, elle l'a
influencé pourtant, elle l'a dirigé et conduit.
Parfois elle a su profiter de ce que l'homme
inventait, elle a organisé la sélection des produits de l'esprit humain, elle a trié, éliminé,
écarté, favorisé ou repoussé, parfois ouvertement, parfois d'une manière sournoise, les
sentiments et les idées qui naissent continuellement, en même temps qu'elle rectifiait, trans-
formait et parfois tuait ou pervertissait les
anciens. Peu à peu, elle-même suggérait à
l'esprit, plus directement, les impressions et
les idées dont elle pouvait se fortifier. Et c'est
ainsi que peu à peu, par des procédés inaperçus
souvent et encore méconnus, elle a créé dans
l'homme un ensemble artificiel et factice,
illusoire et nécessaire peut-être, de doctrines,
de croyances, de sentiments, de passions qui
devaient adapter l'homme à la vie sociale, et
qui l'ont fait réellement dans une certaine
mesure. Ils faisaient pénétrer de plus en plus

les autres en chacun de nous, ou tendaient au moins à faire agir chacun comme s'il participait de plus en plus de la nature des autres.

Mais cet esprit social, mal formé et mal apprécié, a produit et a subi lui-même d'étranges déviations. Il est souvent resté impuissant. Le monde d'illusions et de mensonges qu'il a suscité en nous et bâti sur un mensonge primordial se brise souvent, s'altère, se dissipe sous les chocs de la réalité.

Bien souvent il n'arrive qu'à une transformation apparente, il a fait de l'humanité une sorte de théâtre aux décors conventionnels, qu'on rafraîchit de temps en temps ou que l'on change, mais qui restent toujours des décors. incapable de vaincre l'individu, il l'a déguisé plus qu'il ne l'a transformé en être social. Il a fait une sorte d'œuvre d'art qu'il tâche de faire prendre au sérieux, plutôt qu'une œuvre réellement morale. Il se peut que ce soit là un commencement, une ébauche d'une réalité future plus solide, mais le résultat final est bien douteux et un succès suffisant reste assez invraisemblable.

Parfois encore l'esprit social égare ceux qui se laissent diriger par lui. Il les entraîne à l'opposé du but où il pourrait trouver sa justification. Et trop souvent aussi, comme partout et comme toujours, ce qui n'est qu'un moyen veut se faire prendre pour une fin. L'ensemble des illusions et des mensonges de la morale, dont le bon emploi serait de préparer une meilleure systématisation de l'homme et du monde et de s'évanouir en elle, au lieu de tendre à se supprimer progressivement, en vient à se considérer comme l'essence et la raison d'être de l'univers, à ne voir dans le monde qu'une occasion de sa propre existence, à s'hypertrophier maladivement, à nuire à sa propre évolution, et à démentir ainsi son propre mensonge.

CHAPITRE II

LE RÔLE DE LA MORALE

§ 1.

Un premier moyen de subvenir aux imperfections de la solidarité sociale, et surtout de les empêcher de s'aggraver en étant reconnues et admises, c'est de les nier. C'est là un procédé à demi-artistique, à demi-pratique, assez curieux. D'une part, il ouvre à l'homme un monde fictif, analogue à celui de l'art, d'un art assez bas, de l'art des romans optimistes et sentimentaux, mais d'un art qui veut se faire prendre pour la réalité même pour devenir réel. D'autre part il détourne l'homme de profiter des lacunes de la solidarité sociale pour suivre, contre les autres, son propre intérêt.

Aussi a-t-on affirmé la perfection, au moins relative, de la solidarité. « Le crime finit toujours par être puni », « une bonne action trouve

toujours sa récompense », « si vous êtes bon,
on sera bon pour vous », « aimez et l'on vous
aimera », ce sont là, avec bien d'autres, des
lieux communs de l'éducation. Les affirmations
et les préceptes de ce genre encombrent le cer-
veau des éducateurs et des enfants. On leur
présente ainsi comme réel un monde idéal,
souvent assez puéril, et passablement contradictoire. Des livres ont été écrits, des traités
composés pour célébrer les merveilleuses harmonies de ce monde. Des récits fictifs, des
manières de romans édifiants ont servi de
preuve à la logique, peu rigoureuse, des sentiments. En somme les exagérations de l'école
libérale en économie politique ne sont qu'une
application spéciale de la même méthode.

Et l'anarchisme ne fait guère qu'appliquer autrement, avec une logique plus dure et un aban-
don plus marqué de quelques croyances tradi-
tionnelles une conception analogue. Lui aussi
admet l'harmonie naturelle, et qu'elle va se réaliser, pourvu seulement qu'on ne l'entrave pas
par des règlements, des lois, de la contrainte. Au
reste, on retrouve dans toutes les théories qui sup-
posent la bonté native et originelle de l'homme,
c'est-à-dire, qu'on le veuille ou non, l'harmonie
naturelle des individus et l'adaptation spontanée de l'homme à la vie collective, c'est-à-dire
encore l' « unité », l' « unanimité » (au sens éty-
mologique) des hommes, un bizarre retour de
l'esprit social vers l'instinct individualiste sur
lequel j'insisterai car il est significatif et curieux.

L'esprit social ruse, en effet. Il s'efface en
quelque sorte devant les instincts égoïstes pour
reprendre ensuite le pouvoir, une fois l'individu
persuadé qu'on va désormais bien s'entendre.
Il n'y a qu'à laisser faire l'homme, et la société
s'organisera pour le mieux. Voilà le sentiment
personnel satisfait. L'individu et la société
bien comprise seront d'accord. Donc il faut
réformer ou dissoudre la société existante où
les conflits pullulent, et faire surgir, subitement
ou peu à peu, une autre société. Mais si l'individu et la société sont, par nature, en harmonie, ceux qui troublent le nouvel ordre
social ou qui retardent sa venue s'opposent
par là à la libre action de l'individu. Il faut
donc les punir, du moins les empêcher de
nuire. Et là-dessus, un nouveau despotisme
social, très dur, très absolu, va se fonder.
L'idée de liberté complète est un excellent point
de départ pour arriver à une réglementation
insupportable destinée en principe à sauve-
garder cette liberté. Il n'existe aucun moyen
d'assurer la liberté de quelqu'un sinon de
réprimer la liberté des autres. Ma liberté d'aller
tranquillement le soir dans la rue ne vaut que
par la répression de la liberté de ceux qui
seraient tentés de fouiller mes poches. Et je ne
puis jouir librement d'aucun bien si les autres
ont la liberté de me le ravir. Pour que la
liberté pût être généralisée, pour qu'elle
n'impliquât pas forcément, comme l'envers
suppose l'endroit, une gêne et une suppression

de la liberté même, il faudrait que les désirs de chaque homme puissent être satisfaits en même temps que ceux de tous les hommes. Mais s'il en était ainsi, il serait bien inutile de faire des théories sur la liberté, sur l'anarchie, sur l'harmonie des intérêts, il serait beaucoup plus simple et bien préférable de pratiquer tout cela, et l'on ferait ainsi. Mais nous n'en sommes pas là ! Et jusque-là, le mot de liberté ne peut avoir aucun autre sens que celui de « liberté du bien », de ce que l'on considère comme le bien, impliquant forcément la répression de ce que l'on considère comme le mal, ou encore le mot de liberté ne prendra de valeur que par rapport à l'état constitué, c'est-à-dire qu'il signifierait le droit pour chacun de faire respecter sa liberté par l'État, mais non par les autres individus.

Sans doute rien n'est plus contraire aux désirs de quelques vrais révolutionnaires que l'issue logique de leurs efforts. Mais ils y sont conduits, eux ou leurs successeurs, par la force des événements. Et je ne veux point condamner absolument par là l'esprit révolutionnaire. Je le crois nécessaire parfois et bienfaisant, mais pas à la façon dont l'entendent ceux qu'il pousse. L'instinct individualiste, d'ailleurs, ne se laisse pas opprimer sans protestation. Trompé et surpris, il riposte par des contre-manœuvres. Mais les choses sont fort compliquées, impossibles à prévoir et à diriger à notre gré. Si les révolutionnaires veulent

garder intact et pur leur idéal, il leur faudra
conserver aussi leur attitude et rester perpé-
tuellement, quel que soit le régime établi, quel
que soit le parti au pouvoir, d'irréductibles
opposants. Au reste, de quelque ordre et de
quelque nature que soit le changement que l'on
rêve, c'est là une loi générale. On ne conserve
son idéal qu'à la condition de n'en pas accepter
les réalisations, toujours grossières.

§ 2.

La croyance aux harmonies sociales nous est
imposée par tous les moyens et sous toutes les
formes. Des livres vantent aux enfants un
régime qui accorde au mérite toutes les places
et toutes les distinctions, comme ils vanteraient
aussi bien la grandeur d'un roi, ou la toute-
puissance d'un Dieu. Il existe un ensemble de
croyances et d'opinions toutes faites sur la vie
collective, qui varie nécessairement avec les
temps et les lieux, mais dont le but est toujours le même et qu'il est convenu de professer
ou de paraître accepter. Chaque fonction,
chaque situation sociale appelle son épithète,
une épithète de nature. Comme Junon avait des
yeux de vache, ainsi un magistrat est intègre,
un officier est brave, un père est respectable.
Quant à la mère, elle est sacrée. Vallès fut
vertement blâmé, pour avoir, dans un livre très
beau par ailleurs, parlé de ses parents sans

ménagements appréciables. Vraiment, on se
souciait peu de savoir s'il avait dit vrai. Et
même je crois bien qu'on ne lui reprochait pas
seulement d'avoir exprimé ses impressions,
mais aussi de les avoir éprouvées et de l'avoir
su. Il avait manqué au pacte social, à la complicité tacite qui lie tous les hommes vivant en
société. Et je ne dis point, certes, que son livre
ne heurte rien en moi! Car pourquoi et comment n'aurais-je en rien les préjugés de mon
temps? Mais je tâche de comprendre leur
nature. Et j'ai pu remarquer combien les idées
convenues, les sentiments optimistes factices
étaient puissants encore et solidement enra-
cinés chez ceux qui s'en croient le plus dégagés,
et qui choquent le plus les autres par leur
irrespect.

Nos opinions nous sont ainsi dictées. Il n'en
peut être autrement. L'acceptation de la vie
sociale implique un certain optimisme fonda-
mental à l'égard de la société, comme l'acceptation de la vie, le simple fait de ne pas se tuer
implique un certain optimisme à l'égard de
l'existence. Il faut que nous ayons confiance.
Nous ne pouvons songer à nier absolument la
bonté relative de l'organisation sociale que
nous conservons. Il n'est pas possible que nous
n'acceptions pas en principe comme justes, en
moyenne, les jugements des tribunaux et des
cours d'assises; comme relativement honnêtes,
les fonctionnaires; comme relativement ins-
truits, les professeurs. Ainsi de suite. Nous

pouvons faire des réserves sur quelques cas.
Sur l'ensemble, non. En tout cas, nous ne
pouvons agir que comme si nous n'en faisions
pas. Si nous ne sommes pas toujours convaincus logiquement, nous le sommes pratique-
ment. Que des protestations s'élèvent en nous,
elles restent nulles, impuissantes. L'instinct
social nous dirige et nous impose ses conventions.

Ou bien, s'il en est autrement, nous cessons
d'être des éléments sociaux, au moins des
éléments de la société dont nous faisions partie.
L'instinct individualiste (ou un autre instinct
social différent que je néglige pour simplifier,
quoiqu'il soit important) l'emporte et nous
soutient contre l'organisation où nous sommes
pris. Nous devenons des sujets révoltés, des
citoyens rebelles. Tant que nous éviterons cette
extrémité, nous sommes, aveuglément ou de
plein gré, les complices du mensonge social.
Et nous restons tels encore, bien plus que nous
ne le croyons, si nous nous décidons à la
révolte.

§ 3.

L'âme sociale nous unit ainsi en trompant et
en enchaînant nos instincts égoïstes. C'est elle
qui nous serre les uns contre les autres quand
nos désirs individuels veulent nous séparer et
nous faire combattre. C'est elle qui fait de nous
une troupe dangereuse et agressive. Nous

sommes des bandits qui s'entendent pour mettre
la main sur une proie, s'unissent, se concertent,
sacrifient — pour un moment — à l'ordre général leurs convoitises personnelles. Bandits
honteux, d'ailleurs, qui appellent leurs pillages : victoires de la civilisation, et bandits
glorieux qui exaltent les vertus de leurs chefs et
le courage de leurs compagnons, la discipline
de leurs bandes et l'exacte justice du butin
réparti. Ainsi nous exploitons le monde, nous
volons et nous tuons les plantes et les animaux,
nous dépouillons quand nous le pouvons les
races inférieures dès qu'elles sont vaincues, et
nous mesurons leur infériorité à leur défaite.
Nous ne pouvons vivre et prospérer que par le
pillage et le meurtre, direct ou indirect. Mais en
même temps nous ne pouvons vivre que par
la domination relative de l'instinct social et des
illusions qu'il nous inspire, et par le règne,
fictif ou ébauché, à l'intérieur de nos groupes,
de ce que chaque groupe considère, selon le
besoin qu'il en a, comme la « justice » et comme
la « moralité ». Sans ce mensonge, le succès
au combat ne serait plus possible, et faute de
ce succès, la vie disparaîtrait.

§ 4.

Nous ne sommes jamais tout à fait dupes.
L'intelligence, chez plusieurs d'entre nous,
s'est assez affranchie de l'instinct, assez diffé-

renciée pour que ceux-là puissent comprendre, encore qu'un peu confusément, ce qu'ils sont et ce qu'ils font. Surtout, chez ceux-là et chez les autres, l'esprit est éclairé et soulevé par les désirs égoïstes, réprimés plus ou moins, jamais anéantis. Alors la réalité transparaît ou se déforme d'une autre manière. Nous entrevoyons les menées de l'âme sociale et parfois les instincts égoïstes savent lui emprunter ses armes, les idées, les sentiments qu'elle a formés elle-même, pour la combattre et la repousser. Le « nous » voulait nous faire croire à son accord avec le « moi », mais l'instinct égoïste, à son tour, cherche à passer sous le couvert de l'instinct social. On agit pour satisfaire ses désirs et l'on veut convaincre les autres, et l'on se persuade à soi-même qu'on se conforme aux lois les plus élevées de la morale. Rien de plus ordinaire, ni, en un sens, de plus naturel.

D'étranges compromis naissent et se multiplient. L'homme est double, il est lui, il est les autres. Il sent, il pense, il agit avec ses deux natures. La logique ordinaire est ici outrageu‑ sement violée, mais l'homme sent, pense et agit contradictoirement, en conformité avec sa na‑ ture contradictoire, pour parer à des conditions de vie contradictoires aussi, et, de ce point de vue, il est très logique. En présence des con‑ tradictions du monde, il réagit différemment avec deux parties distinctes de sa personna‑ lité. Le président d'une assemblée législative, raconte-t-on, voyant un de ses amis politiques attaquer violemment à la tribune ses adversaires, disait tout haut : « Je vais être obligé d'appliquer à l'orateur les sévérités du règlement », et murmurait tout bas : « Tape dessus, tu es en verve. » Il parlait d'une part en président, d'autre part en homme de parti. Et nous, en tant qu'êtres sociaux, nous avons un ensemble d'opinions sur les hommes, sur l'Etat, sur les lois, sur les fonctionnaires, sur la famille et sur le véritable bien, mais en temps qu'individus égoïstes, nous avons d'autres impressions et d'autres vues. Tel homme d'esprit droit et assez autoritaire a une mésaventure avec la police où la police a tort. Et il comprend fort bien qu'un bon citoyen doit du respect à la force publique, qui n'est point infaillible. Mais si, plus tard, quelque propos lui rappelle la méprise dont il fut l'objet, il en manifeste un ressentiment que le temps n'a guère affaibli. Ainsi font les hommes.

La plupart du temps, ils sont gênés et choqués si on leur fait remarquer les contradictions de leurs opinions et de leurs attitudes. Ils sont un peu dans leur droit. D'abord cet illogisme a sa logique, comme je l'ai dit. Et puis il est convenu que nous devons être logiques, unifiés. C'est encore là un précepte que le nous a tâché d'inculquer au moi, et sur le sens duquel, au reste, je ne pense pas qu'on puisse s'entendre. Nous devons donc non seulement nous y conformer, s'il est possible, mais

supposer que les autres s'y conforment et leur
demander d'admettre que nous nous y confor-
mons aussi. Il est de la bienséance de ne point
éclairer les contradictions des gens. Et imputer
à quelqu'un une contradiction volontaire, un
mensonge, est une insulte des plus graves, ce
qui est vraiment significatif de conventions
très diverses, et ce qui tourne même au comique, si on reconnaît tout ce qu'une pareille idée a de factice, surtout si l'on n'a pas
éprouvé le solide fondement de cette convention, et si l'on songe simplement à la continuelle émission de mensonges que provoque
notre manière de vivre.

§ 5.

L'optimisme foncier qui laisse reconnaître
les imperfections accidentelles de notre état
manque de solidité. Il est trop difficile d'y
croire. Il faut l'étayer à son tour. Et c'est
l'office de la religion et de la philosophie,
j'entends de notre religion et de la philosophie
qui a régné chez nous, car d'autres ont resserré
d'une manière différente le lien social. Tout
n'est pas bien ici, mais tout un jour sera bien
ailleurs. C'est là une si puissante vision qu'elle
permet de supporter ou même de recommander
le plus décidé pessimisme devant les amertumes
de la vie. Le ciel est d'autant plus doux que la
terre est plus triste. Ainsi chacun peut retrou-

ver l'harmonie ici-bas, ou là-haut, et partout à
la fois s'il y tient. Ceci convient mieux à la
philosophie, ou aux religions peu mystiques,
qui, parlant au cœur humain avec moins de
force et moins d'autorité, ont besoin de se
montrer en quelques points plus accommodantes
ou plus souples.

Ainsi l'âme sociale et l'âme égoïste retrouvent
leur accord et peuvent s'essayer à vivre en bonne
intelligence. Chacune a cherché à duper l'autre
et chacune cherche à profiter de son mieux
de la convention qui a mis la paix entre elles.
Chacune en interprète les clauses à sa façon, les
tourne, ou triche plus carrément si elle en a la
force. L'instinct social vise à refréner l'instinct
individuel en lui imposant les volontés de Dieu,
les règles établies, en le leurrant par les satisfactions à longue échéance d'une autre vie.
L'instinct individuel approuve et tâche d'obtenir au plus juste prix les avantages offerts et
de s'assurer les joies d'en haut en renonçant le
moins possible à celles d'ici-bas. Quelquefois
pourtant, il se laisse convaincre, il renonce
vraiment et trouve quelque compensation dans
ce renoncement même. Plus souvent, il conserve simplement, au mépris de la logique
reconnue, les espoirs de l'au-delà et les humbles
joies de la terre.

Les croyances religieuses et philosophiques
sont une sorte de ciment qui unit les morceaux
du moi, l'instinct social et l'instinct personnel.
Elles réalisent quelque harmonie parce qu'elles

font croire à l'harmonie. Elles séparent de leurs alliés naturels un certain nombre de sentiments égoïstes pour détourner leur force au profit de l'instinct social. Le moi le plus personnel doit se subordonner à leur pouvoir en vue de satisfactions futures et infinies. L'égoïsme bien compris le lui ordonne absolument.

Sans doute, ni la religion ni la philosophie n'entendent toujours ainsi leur rôle. Souvent elles n'en voudraient pas, le trouvant indigne d'elles. Comme tout ce qui existe, elles tendent à exister pour elles-mêmes, à se hausser au rang d'une fin, à négliger les désirs égoïstes de l'homme aussi bien que son instinct social. Mais l'âme collective a tâché de se servir d'elles et y a parfois réussi.

Elle y a échoué d'autres fois. Elle est aveugle et maladroite. Les produits qu'elle crée, les forces qu'elle favorise, lui sont dangereux. Et puis si le « nous » agit, le « moi » ne reste pas inactif. De nombreuses déviations dues à leurs tendances propres, aux erreurs de l'instinct, à la poussée de l'égoïsme, au jeu incoordonné des idées et des sentiments ont fait parfois marcher les religions et les philosophies contre l'instinct social. Elles ont favorisé l'individualisme. Il leur est arrivé aussi d'affaiblir à l'excès, ou de subordonner trop complètement les désirs individuels sans lesquels la société ne peut vivre, ou même des sentiments affectueux sans lesquels elle perd son agrément. Pour mieux préparer une vie future illusoire, elles ont

menacé la durée de la vie réelle. Certaines
sectes ont pu prêcher la chasteté absolue ou
même l'imposer par des mutilations. Une généralisation de pareilles croyances et de semblables pratiques eût évidemment fait disparaître assez rapidement toute imperfection
humaine, mais le résultat obtenu n'eût point
semblé désirable.

§ 6.

Des bourrasques, des rafales, le lent travail
des siècles viennent toujours démolir ou désa-
gréger, fissurer les édifices de croyance où l'humanité se réfugie et à l'abri desquels elle n'arrive point à se trouver heureuse. Les religions,
les philosophies se décomposent et tombent.
Alors l'esprit social inspire ou tourne à son
profit de nouvelles idées. Les trois « stades de
l'illusion », comme disait Hartmann, se succè-
dent. Sans doute même ils se remplacent dans
un ordre variable, disparaissant et revenant à
plusieurs reprises, selon les peuples et selon
les individus. Le bonheur dans la vie présente,
l'harmonie, par la volonté de Dieu, dans une
nouvelle vie, l'accord final des désirs et des
actes sur la terre, mais seulement chez une
humanité future, enchantent les esprits et les
plient à la loi sociale. Et l'âme collective les
ramène d'une idée à l'autre, selon que celle-ci
ou celle-là s'adapte mieux à tel siècle, à telle
classe ou à tel individu.

Elle ne se sert pas seulement de ces croyances. Toutes les idées, tous les sentiments lui sont bons qui peuvent l'aider à subordonner le moi aux autres, à les assimiler de plus en plus. Elle excite tour à tour la pitié, comme le sens de la justice, l'idée d'égalité, comme l'esprit aristocratique, l'amour de la patrie et l'humanitarisme, le courage guerrier et la prudence commerciale, la sympathie, l'affection, et la haine elle-même. Toujours elle dresse, en face de l'égoïsme, des sentiments généraux, des idées synthétiques qui doivent soit le réduire à s'effacer devant' elle, soit le lui concilier et l'amener à des co...ssions. Ainsi se forment les diverses conce,..ions de la vie, plus ou moins logiques avec elles-mêmes, plus ou moins ajustables entre elles, qui donnent à la morale, pour chacune d'elles, une sorte de fond commun. Ainsi naissent une « morale de la sympathie », une « morale de la justice », même une « morale de la concurrence », ainsi se dessinent des mouvements d'opinions comme le nationalisme et comme le pacifisme. Ceux qui prêchent surtout la justice ne renoncent pas toujours à la sympathie, ni ceux qui vantent la sympathie à la justice, ni les humanitaires à la patrie, mais chacun établit au moins de façon différente la hiérarchie des devoirs. Et l'âme sociale emploie simultanément et successivement, avec souplesse, les moyens les plus variés et les plus complexes pour séduire et pour dompter un éternel antagoniste.

§ 7.

Une de ses principales armes, c'est la théorie du devoir. Le « devoir » synthétise assez bien et domine tout ce que l'âme sociale veut imposer au moi égoïste, il en explique et en fonde la valeur.

Sans doute convient-il de ne pas s'en exagérer l'importance pratique. Il est parfaitement possible de vivre socialement, de vivre « honnêtement » sans beaucoup penser à la conception du « devoir » et sans éprouver avec beaucoup de force et de fréquence les sentiments spéciaux qui s'y rattachent. Les philosophes, pour des raisons de métier, d'une part, et d'autre part, sous la pression de l'instinct social, en ont fort exagéré l'importance. Cependant cette importance reste considérable.

La théorie du devoir est un admirable exemple de la façon qui a pu obscurcir et compliquer les choses les plus simples. Elle a construit des mythes mystérieux, abstraits et sans charme, sur des réalités claires et un peu banales.

La notion du « devoir », sa notion positive, est aisément accessible. Un être quelconque, un homme ou un objet, « doit » être approprié à sa destination. Une montre « doit » indiquer l'heure — l'heure astronomique ou une heure sociale convenue, — marcher régulièrement. A cette condition elle sera une bonne montre, d'autant meilleure qu'elle s'y conformera mieux. Pareillement un chien d'arrêt « doit » trouver le gibier et rester immobile près de lui, en en indiquant la présence au chasseur.

Et pareillement aussi un cordonnier « doit » faire des souliers solides et de forme élégante ; un cocher doit maintenir son cheval à une allure assez rapide en évitant d'écraser des passants ; un médecin doit soigner de son mieux les malades et parfois les guérir, un juge connaître la loi et en appliquer les prescriptions avec humanité et clairvoyance.

Tout cela n'offre aucune difficulté. Un individu, ou un organe, dont la fonction est bien définie par les besoins de la société ou de l'organisme dont il fait partie, « doit » remplir cette fonction de manière à assurer à l'ensemble la vie la meilleure et le développement le plus harmonieux. Il le « doit », cela veut dire que c'est cela qu'il fera s'il est un bon élément, que c'est cela qui est nécessaire à la vie régulière de l'ensemble, et qu'attendent de lui, s'ils peuvent bien raisonner, ses collaborateurs, le « nous » auquel son « moi » se rattache.

Et cela ils ont le « droit » de l'exiger. Cela signifie que dans un ensemble bien organisé ils l'obtiendront. Cela signifie aussi que dans un tel ensemble chacun sera traité de façon à ce que la vie de l'ensemble en ait le plus grand profit. L'élément qui remplit bien sa fonction sera mis en état de la continuer, celui qui ne peut ou ne veut s'en acquitter sera éliminé ou mis hors d'état de nuire. Le cœur doit envoyer du sang noir aux poumons, le poumon doit faire oxygéner ce sang, le cœur a le droit de recevoir, pour son propre entretien, du sang oxygéné qui lui permettra de continuer à vivre et à remplir son office. Son « devoir » et ses « droits » sont nettement établis par ses relations avec les autres organes, et par les besoins généraux de l'organisme.

Cela est clair et simple, et s'applique encore assez aisément aux hommes en tant qu'ils sont spécialisés dans quelque métier. Un boulanger a le devoir de faire un pain agréable au goût et sain pour l'estomac, il a, en revanche, le droit de recevoir de ses clients de la monnaie qui ne soit point fausse, et, d'une façon ou de l'autre, d'être mis en état de vivre et de continuer son travail tant qu'il pourra bien servir ainsi la société.

Les devoirs et les droits professionnels peuvent donc s'établir avec, relativement, assez peu de difficultés. Mais, plus loin, plus haut, les choses se compliquent et la philosophie a beau jeu.

§ 8.

Tout d'abord, les hommes ne sont point spécialisés comme les organes du corps. Un épicier n'est pas seulement épicier. Il peut être époux, père, amateur de musique ou de jardinage, chasseur ou pêcheur, membre d'une église, bien d'autres choses encore. Et quand il s'agit de déterminer les droits et les devoirs qui se rapportent à toutes ces qualités, d'établir leurs rapports, leur accord ou leur subordination, d'organiser leur hiérarchie, il est bien malaisé de parler en connaissance de cause, avec exactitude et précision.

C'est là une première difficulté, et, dans la pratique, elle est rebutante. Mais, du point de vue de la théorie abstraite elle ne change guère le problème. Il n'est pas impossible de concevoir quelles tendances, en règle générale, il faudrait encourager, quelles autres il faudrait réprimer, et dans quelle mesure ces deux opérations seraient à pratiquer. Si l'on découvrait chez un médiocre chapelier des facultés de remarquable ébéniste ou un vrai génie de peintre, il faudrait évidemment encourager en lui la qualité psychique, la tendance qui lui permettrait de rendre aux autres les services les plus rares, les plus précieux, ceux qu'il est le plus capable de rendre. Ce serait son droit, et sinon son droit légal et positif, du moins son droit moral — auquel le droit légal « doit » se conformer — d'avoir les moyens d'exercer la fonction déterminée par ses aptitudes, ce serait son « devoir » de l'exercer de son mieux.

Mais d'autres difficultés se lèvent. C'est que s'il est facile de déterminer la fonction du maçon en tant que maçon, s'il est encore possible d'établir la fonction de l'homme en tant qu'être social, il est beaucoup moins aisé d'établir sa fonction en tant qu'homme. D'abord parce que nous n'avons aucune idée d'un rôle spécial imposé à l'humanité dans un système qui la dépasse suffisamment, et puis, et surtout parce que l'homme n'est pas un être simple et que ses « devoirs » en tant qu'individu égoïste contredisent sa fonction d'être social.

Souvent la tendance la plus forte, la plus impérieuse, celle dont l'exercice serait indispensable à l'équilibre organique ou psychique de l'individu n'est point du tout celle que la société trouve son intérêt à faire épanouir. Un penchant violent à la luxure, une gourmandise raffinée, une malheureuse passion pour la littérature ou la musique, un amour sans réciprocité peuvent susciter des désirs très vifs. L'harmonie du moi exigerait leur satisfaction, l'harmonie sociale en serait troublée. L'ensemble et l'élément sont en conflit, et, dans l'individu, le nous se heurte au moi. La société, de son point de vue, « doit » se faire obéir. Au point de vue de l'individu c'est sa passion dominante qui doit être satisfaite. Sans doute on peut dire que, la société étant plus importante, son droit doit passer le premier. Mais c'est là un raisonnement social, et l'individu peut le rejeter, ne pas vouloir entrer dans cet ordre de considérations ; et s'il s'obstine à cette attitude, il n'est aucun moyen logique de l'en faire sortir.

C'est qu'ici en effet, les devoirs sont doubles, contradictoires et correspondent à la nature double et contradictoire de l'individu. L'individu est un élément social, sans doute, et pour cela, il doit subordonner sa vie à la société. Mais il est aussi en même temps un individu existant en lui-même et pour lui-même. En tant que tel, il ne relève que de lui, sa fonction est de vivre de son mieux, et le « devoir » de ses idées, de ses désirs, de tous les éléments psychiques et organiques qui le forment est de concourir à ce but. Si son intérêt coïncide avec celui des autres, c'est tant mieux, et tout s'aplanit. Mais s'il s'y oppose, comme cela arrive forcément, ses devoirs sont doubles, opposés et contradictoires selon que nous regardons en lui l'élément social ou la nature individuelle, selon que nous y considérons les autres hommes, qu'il est à un certain degré, ou l'individu différent des autres et hostile aux autres qu'il est aussi par l'autre face de sa nature.

Le conflit est logiquement, et, si l'on veut bien prendre le mot en un sens assez abstrait, moralement insoluble. Ici les divers moyens analysés plus haut de faire cesser le désaccord entre les natures et les désirs, restent inefficaces. Efficaces complètement, ils ne le sont jamais.

Alors intervient la principale tentative pour faire accepter, par la partie irréductible de l'individu, la forme sociale avec ce qu'elle a de plus contraire à l'individualité même, pour faire sortir la volonté sociale et anti-individuelle, des tendances mêmes qui ont combattu l'ins-

tinct social. Si Dieu reste impuissant, si la
vision illusoire de l'humanité future, si l'affection, si la routine suggérée s'attellent en vain
pour tirer l'individu hors de l'égoïsme et le
détacher de lui-même, voici le « devoir » qui
va reprendre la tâche impossible. L'affirma-
tion du devoir, tel que l'a compris une philosophie qui demeure forte, c'est une tentative
hardie pour introduire dans l'individu, pour
faire rayonner de l'individu même, en la tour-
nant contre l'individu, l'autorité, cette force
essentiellement sociale.

§ 9.

Quand un enfant, sur l'appel de son père,
vient à lui, c'est par affection, s'il a du plaisir
à se retrouver avec lui, c'est par intérêt s'il
espère recevoir un jouet ou s'il interrompt une
agréable partie de billes en évaluant instinctivement les inconvénients d'une apparente
surdité. Mais il peut obéir simplement, sans
réflexion, parce que son père a parlé, parce
que c'est son « devoir » d'obéir et qu'il le remplit sans même y penser, parce que son père
a « l'autorité ». Il subit naturellement une
sorte de suggestion impérieuse et s'adapte à
l'ordre donné. L'autorité c'est l'influence exer-
cée sur les autres. Assurément l'intérêt bien
compris, l'affection et d'autres sentiments
ont contribué au développement de cette ten-

dance à obéir, à se conformer. Admettons
que des réflexions sur la supériorité physique,
intellectuelle, morale et sociale du père y
soient intervenues chez l'enfant, que des illusions aussi s'y soient mêlées[1]. Le sentiment
de l'obéissance, du respect, la soumission à
l'autorité, n'en est pas moins devenue une
chose indépendante, *sui generis*, existant maintenant en soi et tenant sa place dans la vie de
l'esprit. Et même il l'a sans doute toujours
été, il est naturel à l'homme. Il est la réponse
de l'organisme, l'adaptation spontanée à une
excitation, analogue à tous les réflexes qui ajus-
tent l'organisme à ses conditions extérieures,
la systématisation qui s'opère autour d'une
idée introduite dans l'esprit et qui en détermine
l'orientation. Seulement la condition à laquelle
l'esprit s'adapte par la soumission à l'autorité
c'est l'existence de la société, c'est l'ensemble
même de la vie sociale. L'obéissance, le conformisme, c'est le réflexe social par excellence,
la réaction normale de l'instinct grégaire chez
celui qui ne commande pas. Car la direction
d'un côté, l'obéissance de l'autre, ce sont les
grands facteurs de la vie sociale, tant qu'elle
n'est pas suffisamment organisée pour que
chaque élément y fasse spontanément son office.

---

1. Il est souvent amusant de voir combien les enfants
ont le parti pris d'attribuer, au hasard, à leur père
diverses supériorités sur les pères des autres enfants.
C'est que le père et l'enfant sont un peu mêlés et con-
fondus.

Et ceci ne saurait être le cas d'une société où les éléments sont distincts et relativement indépendants autant que les hommes le sont les uns des autres.

Le caractère essentiellement social et instinctif de l'obéissance ressort avec évidence de la nature même de l'acte. Ceux qui se font le mieux obéir, ce ne sont pas toujours ceux qui donnent les ordres les plus justes ou les plus utiles. Ce ne sont pas ceux non plus qui donnent les ordres les plus agréables. Pour prendre un cas extrême, il n'y a pas de calcul d'utilité, pas d'appréciation personnelle de moralité dans l'obéissance du magnétisé au magnétiseur. Y a-t-il même de l'affection? Rien ne prouve qu'il y en ait dans la plupart des cas, ni qu'elle y soit essentielle, ni qu'elle y tienne place de cause, car d'une part l'obéissance peut simuler l'affection, et d'autre part il est possible aussi qu'elle la produise, dans le cas où les facteurs personnels et égoïstes sont, comme chez l'hypnotisé, annulés ou du moins amoindris, et réduits à l'impuissance. Que l'influence, l'autorité soient d'ailleurs attachées à certaines qualités généralement utiles à l'espèce, cela est assez vraisemblable. Toutefois il s'en faut qu'elles s'imposent toujours au mieux des intérêts de tous.

L'obéissance se rattache étroitement à l'imitation dont Tarde, quoi qu'on puisse penser de la généralisation qu'il a faite, a mis hors de doute l'énorme importance. Peut-être est-elle plus proprement sociale, et c'est au moins mon avis. L'autorité acceptée, cette identification avec autrui spontanée et partielle, que ce soit celle d'un individu, celle d'un peuple ou d'une secte, le conformisme, toutes les idées, tous les sentiments, tous les actes qui se rattachent à ces manières d'être et d'agir, sont des faits éminemment sociaux, des forces organisatrices de la vie en commun. Ils sont l'incarnation de cet instinct social qui est une moitié de l'homme, d'autrui implanté en nous, devenu nous, et dirigeant notre conduite.

§ 10.

Naturellement la tendance à obéir soulève contre elle la partie individuelle, égoïste du moi. En tant que nous sommes nous-mêmes nous tendons instinctivement à résister aux ordres et aux suggestions, comme en tant que nous sommes autrui nous tendons nécessairement à y céder. Notre égoïsme ne fait de concession que s'il y trouve son profit, dans les cas où l'accord des intérêts a pu s'établir. Mais la société tient à ce que nous sachions obéir, et elle agit en conséquence.

Dès le plus jeune âge son influence s'exerce. Il est intéressant de voir un père et une mère faire alterner, pour décider à l'obéissance un gamin indocile, les ordres, les reproches, les prières et les menaces. Ainsi essaient-ils d'obtenir l'harmonie des intérêts : « Obéis, je le veux... pas de dessert si tu n'obéis pas, si tu es sage tu iras au cirque,... on doit obéir à ses parents,... tu es un vilain garçon... »

La société ne s'y prend pas autrement avec l'adulte supposé « raisonnable », si ce n'est que son discours diffère un peu pour la forme de celui des parents. Mais, au fond, les deux sont identiques. « Fais cela, je te l'ordonne... si tu désobéis, la prison... si tu es sage les emplois, la fortune, les honneurs,... si tu n'obéis pas, tu es un mauvais citoyen .., il faut obéir à la loi parce que c'est la loi. »

Elle est dans son rôle et dans son droit. Il lui est indispensable de développer chez l'homme cette adaptation spontanée à la vie commune qui se traduit par l'obéissance, par le fait de se conformer aux ordres, aux instructions, aux suggestions, de céder à la pression plus ou moins forte et plus ou moins précise qui enveloppe de toutes parts l'individu. Et puisque l'homme est un être social il est au même degré porté à obéir, et aussi à commander. Pour la même raison, son intérêt lui conseille souvent de le faire.

Si je parle surtout de l'obéissance, plutôt que du commandement, de l'autorité qu'elle suppose, c'est que mon sujet m'amène à la considérer particulièrement et que d'ailleurs elle s'impose à tous les êtres sociaux. Il ne faut pas croire, en effet, que l'autorité dispense d'obéir, ni même qu'elle diffère de l'obéissance

autant qu'il le peut sembler au premier coup
d'œil.

Celui qui commande ne commande pas au
hasard. Son autorité ne durera que si elle
s'ajuste tout à fait à l'état d'esprit de ceux qui
doivent obéir. Sans doute elle transforme cet
état d'esprit, mais elle est aussi transformée en
retour par lui. Il n'est pas possible qu'en
pétrissant la terre sociale pour dresser la statue
rêvée, les créateurs d'activités ne tiennent
compte de ses qualités de souplesse, de plasticité, de résistance. Il faut qu'ils s'adaptent aussi.
Et la matière sociale n'est pas inerte, elle vit et
réagit, sa masse est énorme, peu plastique
souvent et réfractaire. On ne commande à la
nature, a-t-on dit, qu'en lui obéissant. Et il en
est exactement de même pour une société. Le
rôle de l'homme doué du génie de la volonté
peut être immense, mais il suppose peut-
être autant de souplesse que de force. Et je
rappellerai un mot bien connu et qu'on ne
prend guère que par son côté plaisant: « Je
suis leur chef, il faut bien que je les suive. » Il
exprime une vérité profonde. L'origine même
de la volonté dominatrice est peut-être souvent
dans les besoins, dans les désirs inconscients
ou non de la masse qu'elle va pétrir. Celui qui
prend l'autorité, c'est souvent celui qui a été
influencé par l'esprit de son temps. Et ceci ex-
pliquerait fort bien que l'autorité ne s'attache
pas spécialement à l'originalité de l'esprit, ni à
son raffinement. Il est même permis de croire

que ce sont là des qualités plutôt propres à empêcher de la conquérir.

§ 11.

Pour obéir et pour commander aussi, il faut sacrifier bien des désirs personnels. Il est juste, il est naturel que la société dise à l'homme : « Pour que la vie commune soit possible et bonne, il faut agir de telle et telle façon; c'est notre devoir à tous, c'est le tien de diriger en ce sens notre conduite. » Et l'instinct social est assez fort en nous, pour que cette raison, proclamée ou vaguement sentie, entraîne l'esprit assez souvent et détermine la conduite. Mais le « moi » subsiste et parfois se révolte. Et je l'imagine qui parle ainsi :

« Votre société ne me convient pas. Je ne suis pas fait pour elle, elle n'est pas faite pour moi. Peut-être dans une société différente, créée à mon image, pourrais-je accepter des devoirs semblables à ceux dont vous voulez me lier. Je n'en sais rien, et d'ailleurs ce n'est pas le cas. Vous êtes hostiles à ce que j'aime, et je ne sympathise ni à vos joies, ni à vos peines. Ou plutôt, hélas! je sais bien que vous êtes en moi et que je suis en vous, mais c'est pour cela précisément que je vous repousse autant que je le puis. Vous êtes en moi comme une épine dans ma chair. Je ne vous aime pas assez pour ne pas surtout vous haïr cruellement. En tant que je

subis votre influeι. e, en tant que je suis vôtre,
je me conformerai ι vos lois. C'est dire que je
les accepterai en taιt qu'elles me plaisent.
D'autre part, j'aurais troɔ à perdre à vous blesser
ouvertement, et je suppεrterai, pour me préserver, les sacrifices néces ιaires. Je suis parmi
vous comme un prisonι ier chez un ennemi
puissant et victorieux. Je dépends de lui; j'ai
besoin de lui, et je le subiι tant que je ne puis
me soustraire à son pouvoir et que je veux continuer à vivre. Mais si je peux, par la force ou
par la ruse, me dérober à ses exigences, tout en
paraissant, s'il le faut, les subir, je n'y faillirai
pas. Il se peut que j'aie de la sympathie pour
quelques-uns d'entre vous. Ceux-là seront de
mon monde, et je les traiterai en conséquence.
C'est mon affaire et je ne dois rien aux autres.

« Ne me dites pas que, profitant des avantages de votre société je ne puis refuser ma
part des charges. Certes j'en prendrai ma part,
puisque je ne saurais faire autrement, mais je
la réduirai autant qu'il sera possible. Je vous
aiderai volontiers à faire durer chez vous ce
qui me plaît et ce qui me sert. Le reste, je n'en
ai cure. Et si vous me dites que je tends ainsi à
ruiner votre société, pourquoi m'en inquiéterais-
je? Je me trouve parmi vous sans l'avoir voulu,
j'y suis un étranger, et je tâche de tirer, d'une
situation fâcheuse, le meilleur parti. Justice,
devoir, droit, ces mots n'ont de sens que dans
une société organisée, dans une société morale,
et je refuse toute société morale avec vous, ou

plutôt, par nature, je ne puis en accept . Si
vous étiez jeté par un naufrage chez une peu-
plade de sauvages, vous feriez-vous scrupule
d'y rien manger avant d'avoir accepté tous les
devoirs qu'il leur plairait de vous imposer? Et
comment vous conduisez-vous, vous-mêmes, vis-
à-vis des êtres différents de vous qui vivent sur
la terre? Vous les exploitez de votre mieux, et,
quand vous les ménagez, ou que vous favorisez
leur vie, c'est simplement pour les exigences,
l'agrément, le luxe ou la délicatesse de la vôtre.

« Ne me dites pas non plus : nous sommes
« des hommes, des êtres semblables, des frères;
« le lien social qui nous unit est antérieur
« à nous, supérieur à nous, nous ne saurions
« le dénouer ni le briser; la suite infinie des
« temps et des générations nous a indissolu-
« blement assemblés. » Hélas ! si cela était
tout à fait vrai, si j'étais semblable à vous, si
notre union était faite, vous n'auriez point à me
commander de vous aimer et d'agir en frère
avec vous. Je vous aimerais sans aucun ordre,
et j'agirais selon votre désir, dès que votre désir
se lèverait en moi. Vous n'auriez point à me
prêcher si j'étais converti d'avance. Mais de
même que vos ordres et vos raisons seraient
superflus si nous étions réellement unis, ils
restent impuissants parce que nous ne le
sommes pas. La preuve que ce que vous me
dites est faux, c'est que vous avez besoin de
me le dire, et que vous me le dites en effet.

« Et malheureusement cela n'est pas tout à

fait faux. Si nous n'étions associés en rien, aucun conflit ne s'élèverait entre nous et nous nous ignorerions en paix. Mais nous sommes unis et séparés. Nous sommes un et plusieurs, je suis moi et je suis vous, je vous aime et je vous hais, et si je ne vous aimais pas, je n'aurais point à vous haïr. C'est là le tragique de notre existence. Chacun de nous porte en lui des étrangers dont il ne peut se déprendre. Pour moi, je m'en accommoderai de mon mieux ; mais je ne veux ni vous leurrer ni me leurrer moi-même par des illusions qui me rendent la réalité plus insupportable encore. »

Ainsi parlerait, ou à peu près ainsi, l'homme qui serait assez avisé pour comprendre ses impressions et sa pensée, et assez mal avisé pour les exprimer. Par où l'on voit qu'il s'agit d'une fiction. Car l'homme en qui les sentiments sociaux seraient aussi faibles, et en qui la logique serait aussi libre, se garderait vraisemblablement d'une pareille sincérité. Il comprendrait bien que s'il ne doit rien aux autres, il ne leur doit surtout pas cette franchise qui les soulèverait contre lui et le ferait écraser. Son intérêt exigerait au contraire qu'il parût le très fidèle observateur du pacte social, et, au besoin, qu'il en démontrât aux autres les avantages et le caractère sacré.

§ 12.

Il n'y aurait rien d'ailleurs à lui répliquer, logiquement ni moralement. La société, étant la plus forte, pourrait lui répondre très brièvement si elle lui parlait avec la même franchise : « Ce que tu dis est vrai ; seulement je n'ai pas à en tenir compte. Si tu ne me dois rien, je te dois encore moins. Je ne vais pas me sacrifier, moi, l'être innombrable et qui dure, à toi, individu éphémère. Tu ne veux pas de pacte avec moi. Tire-toi donc d'affaire tout seul si tu peux, ou en vivant en parasite sur moi si tu es assez habile pour le faire. Le jour où je reconnaîtrai en toi une gêne, ce jour-là tu seras condamné sans pitié ni colère. » Et la société l'écraserait au moindre conflit. Jusque-là, il accepte, s'il veut vivre, le contrat social, mais avec une part seulement de son individu. Et tandis que l'être social qui est en lui se conforme aux lois, l'autre, l'indépendant, le sauvage, tâche de satisfaire pour le mieux ses désirs, ses caprices en se dissimulant derrière son compagnon qui l'abrite contre les regards, et le préserve des coups. Malgré toutes les tentatives, il reste dans chaque homme un peu de cet individu.

Si l'âme sociale pouvait le réduire par quelque moyen et introduire dans l'individu, comme une sorte de virus ou de vaccin, cette autorité qu'elle exerce sur les êtres sociaux, si elle pouvait la cultiver en lui et la faire accepter, bien mieux la faire exercer à son profit par la partie personnelle et réfractaire de l'individu, elle aurait fait un coup de maître, et la partie serait gagnée. C'est ce qu'elle a tenté à l'aide de la théorie du devoir.

Nous avons vu le sens très positif et très simple de ce mot. Il suppose un rapport de convenance et de finalité. Il indique les conditions d'une harmonie, il nous oblige si nous voulons réaliser cette harmonie. Il ne saurait nous contraindre à rien si nous ne le souhaitons pas. Je *dois* remonter ma montre, si je veux qu'elle marche, je *dois* faire de bons souliers si je veux être cordonnier. Mais si je désire laisser ma montre inactive, ou si je n'ai aucune raison d'être cordonnier, il est évident que je dois agir autrement. Le devoir est essentiellement hypothétique.

Non, répond-on. Je ne *dois* pas (et même je ne *puis* pas) vouloir ou ne pas vouloir indifféremment telle ou telle chose. Il se peut que je n'aie pas le devoir d'être cordonnier, mais j'ai celui de travailler, d'une façon ou de l'autre, pour les hommes. Nos devoirs dépendent de ce que nous voulons faire, soit, mais ce que nous voulons faire, et ce que nous devons vouloir faire dépend de ce que nous sommes. Et nous ne pouvons pas ne pas être des hommes, nous ne pouvons pas ne pas vouloir être des êtres sociaux. Par cela seul que nous existons, notre volonté est déjà orientée, notre choix est fait, il n'y a plus qu'à en tirer les conséquences logiques, qui se trouvent ici des conséquences morales. Les devoirs qui s'imposent à nous n'ont plus rien d'hypothétique. Puisque nous sommes des hommes, puisque nous ne pouvons pas ne pas vouloir en être, nous « devons » agir comme il convient à des hommes, et tous les devoirs généraux des hommes nous sont par là même imposés. Les circonstances qui nous font citoyen d'un pays, membre d'une famille, qui nous font naître catholique ou musulman, riche ou pauvre, vigoureux ou faible, enfin notre choix même sur un certain nombre de points, viendront ensuite compléter, préciser et développer ce premier système d'obligations.

Et c'est ici le triomphe théorique de l'âme sociale. Le devoir est érigé en fait absolu pour nous, inconditionnel, du moins indépendant de conditions sur lesquelles nous puissions revenir. Il n'est plus la contre-partie volontairement acceptée d'un droit qui nous est reconnu, non, il existe indépendamment de tout pacte. Il est inhérent à notre nature même. Il échappe, en principe, à toute critique, on ne discute pas avec le devoir : examiner un devoir, c'est se disposer à le trahir. Le devoir s'impose parce qu'il s'impose. Et combien pourtant serait-il plus juste de dire qu'on nous l'impose parce qu'il ne s'impose pas ! S'il s'imposait vraiment, il serait bien superflu d'en parler. La théorie du devoir en supposant que l'homme n'est qu'un être social supprime la moitié de la réalité. S'il était vraiment un être social, et rien que cela, il ferait organiquement ce qu'il doit faire. Mais si on veut rattacher les obligations qu'on lui impose à quelque être supérieur, dieu ou société, qui l'a créé pour le servir, alors il faut dire que si l'homme ne remplit pas spontanément

son office, c'est qu'il y est mal adapté, et que
s'il y est mal adapté il est mauvais sans doute,
mais que cela prouve surtout que celui qui l'a
créé n'a pas été bon ouvrier. Lorsqu'un horlo-
ger fait une montre, si la montre fonctionne mal,
on la déclare mauvaise, mais on juge l'ouvrier
maladroit.

Le devoir n'implique aucune réciprocité. Il
ne dépend ni de ce que nous pouvons vouloir,
ni de ce qui nous sera rendu. On ne marchande
pas avec lui, c'est encore une phrase usuelle.
Les enfants, par exemple, doivent aimer leurs
parents et les respecter sans s'inquiéter de
savoir s'ils sont dignes d'affection et de respect.
« Celui qui respecte son père parce qu'il est
respectable, a-t-on dit, celui-là ne respecte pas
vraiment son père. » De même les parents « doivent » aimer leurs enfants même ingrats et
même tarés ; ils doivent les aimer tous également, paraît-il, quelle que soit la différence de
leurs natures. Si les autres ne remplissent
point leurs devoirs envers moi, je n'en suis pas
moins engagé vis-à-vis d'eux. Si ma patrie est
injuste pour moi, je ne lui dois pas moins
d'amour ni moins de dévouement. Il est d'ailleurs sacrilège de croire qu'elle est injuste, et
même de penser qu'elle peut l'être.

Non seulement je dois croire au devoir en
général, mais encore il faut que je croie à tel et
tel devoir, précisément évoqués. Il faut que
j'admette l'infaillibilité de ma conscience, en
tant qu'elle m'ordonne ce que la société, ce

que ma famille, mes amis, tous les groupes sociaux dont je fais partie lui suggèrent de m'ordonner. Sinon elle est évidemment pervertie. Mais moi-même je n'ai nullement qualité pour la critiquer et discuter ses ordres. Les autres pourraient le faire, moi non. Je n'ai quelque droit d'appréciation que sur la conscience d'autrui. Ou plutôt, le droit au doute m'est parfois reconnu par les dissidents, par le parti le plus faible, ou par le parti novateur quand il y a indécision sur quelque point et que la société s'est divisée. Alors les plus faibles font appel à la liberté; ils m'encouragent à m'affranchir. Mais s'ils développent mon sens personnel c'est pour incarner en moi leurs idées et se faire de moi un appui. C'est pour m'enchaîner dans un autre devoir, qu'ils m'interdiront alors, eux aussi, de discuter.

L'examen est si peu encouragé que les conflits de devoirs sont une sorte de scandale. A voir les faits sans parti pris on reconnaît qu'il s'en produit continuellement. Nous ne pouvons agir, si peu que ce soit, sans en soulever, implicitement ou explicitement. On ne saurait accomplir un devoir qu'en en violant quelques autres. Le devoir de servir ma famille et mes amis contrarie mon devoir d'être juste envers tous; mon devoir de respecter l'autorité nuit nécessairement au devoir de rechercher et de dire la vérité. Nos devoirs envers la famille, envers la patrie, envers l'humanité, le devoir de justice et le devoir de charité, le devoir de

véracité et le devoir de politesse, sont forcément et toujours en opposition plus ou moins
forte et plus ou moins avouée. Il faut aller
jusqu'à affirmer que nos devoirs, comme les
tendances qu'ils expriment, sont essentiellement
en opposition, tous contre chacun et chacun
contre tous.

On a bien établi, d'une manière confuse,
grossière et fallacieuse, une sorte de hiérarchie
des devoirs qui ne s'est pas imposée et que
chacun interprète selon son inspiration, ou
plutôt selon les suggestions qu'il subit. Mais
on aime bien mieux ne pas apercevoir les conflits permanents qui les opposent les uns aux
autres. Le devoir est un. On n'invoque pas *les*
devoirs, mais *le* devoir. Et l'on n'entend point
par là que, à un moment donné, dans des circonstances données, une manière d'agir correspond mieux que les autres à la situation,
qu'un devoir unique et précis s'impose, résultante de la combinaison des devoirs, de leur
accord et de leur opposition, qu'il faut calculer
avec soin. Non, il est à peu près entendu qu'il
ne faut pas réfléchir beaucoup sur son devoir,
il faut l'accepter et s'abandonner à lui, l'accomplir sans discussion et sans examen. Cela veut
dire surtout qu'il faut accepter les suggestions
d'un instinct social aveugle et bien mal organisé, ou des représentants plus ou moins auto-
risés de l'âme sociale qui, dans bien des cas,
ne savent guère ce qu'ils disent. Combien de
fois entendons-nous rappeler à quelqu'un son

« devoir » pour l'inciter à faire une sottise ?
Souvent on isole, sans que personne sache
pourquoi, un des devoirs de l'individu, on le
considère seul, on le tient pour absolument
sacré, et on l'impose de son mieux, à tort et à
travers, au nom de la morale éternelle.

Si la casuistique a gardé un mauvais renom,
ce n'est sans doute pas seulement parce que
les casuistes ont offert, pour certains cas de
conscience, des solutions peu recommandables,
mais c'est peut-être surtout parce qu'ils en ont
examiné. Les défenseurs du devoir absolu n'ai-
ment guère les « cas de conscience ». L'analyse et la discussion les inquiètent. L'esprit
social, si aveugle et si maladroit qu'il lui arrive
d'être, a compris le péril et le repousse, assez
gauchement, avec l'aide de l'étroitesse et de
la raideur d'esprit si largement répandues. Il
faut reconnaître, d'ailleurs, que la discussion
morale est souvent un prétexte que prend l'instinct personnel, vigoureux et tenace, lui aussi,
pour résister sournoisement à l'instinct social.
Il n'en reste pas moins que chacun de nos actes
soulève naturellement un conflit de devoirs, que
ces conflits ne peuvent toujours se résoudre
spontanément pour le mieux, et que c'est une
singulière méthode pour les éviter ou les terminer
que de ne pas vouloir y prêter attention.

§ 13.

Ce que veut le sens social en nous imposant
le devoir, c'est faire triompher le principe d'au-

torité, et c'est installer en nous sa puissance.
Cependant la conscience morale nous a été re-
présentée aussi comme un moyen de résister à
l'oppression, comme un point d'appui contre la
société, contre l'État, contre toute force extérieure.

C'est une des bonnes ruses de l'instinct social d'avoir ainsi présenté ses propres suggestions comme l'expression de ce qu'il y a de plus
intime et de plus personnel dans l'individu.
Certes, il n'est point niable qu'en bien des cas
la conscience personnelle ait été invoquée pour
résister à l'autorité extérieure. Mais ce que l'on
admire en ces cas-là, ce n'est pas réellement
l'individu lui-même, c'est ce qu'il y a, encore et
toujours, de social en lui, c'est sa lutte contre
une société criminelle ou trompée au nom d'une
autre société supposée meilleure. Ce n'est pas
lui-même que représente le révolté, c'est un
ordre social supérieur. On estime l'homme qui
défend contre les puissances du jour la justice
et le droit, surtout si l'on est de son opinion,
même parfois si l'on n'en est pas et si l'on a
l'esprit large et abstrait, parce que l'on sait
que c'est là un procédé dont il est bon d'entretenir la tradition. Mais on blâme celui qui ne
s'élève contre la société que pour la pure satisfaction de désirs anti-sociaux. A moins pourtant que l'on ne voie dans l'opposition systématique faite pour n'importe quelles raisons à la
société actuelle, la seule et nécessaire voie nous
menant à une société meilleure. Sans cela il ne

s'agira plus de « devoir », de « conscience » et de « révolte du sens moral ».

Quand l'instinct social exalte l'individu, c'est pour que celui-ci lutte contre la société actuelle et vienne ensuite se soumettre à lui pour la construction de la cité future. Ceux qui réclament le plus la liberté quand leurs idées sont persécutées n'accorderont nullement la liberté aux autres quand ils auront triomphé. Qu'on le veuille ou non, chacun n'entend guère par « liberté » que la « liberté du bien » ou du moindre mal. On peut s'indigner contre cette formule, on n'en applique pas d'autre. Seulement ni tous les hommes, ni tous les groupes sociaux, ni tous les gouvernements n'ont la même idée du bien. Plus large chez quelques-uns, elle admet le libre jeu de plus de pensées et de plus de désirs. Mais par cela seul qu'une forme sociale s'est réalisée, elle tend forcément à réprimer les fantaisies individuelles, les désirs égoïstes qui la mettent en danger. Quelle nation civilisée tolèrerait officiellement le meurtre ou le viol? Même des pratiques bien plus acceptables, comme l'inceste ou la polygamie sont rejetées avec indignation par des esprits qui se croient individualistes et très libéraux. Et quel gouvernement, quelle forme politique laissera librement ses adversaires organiser des complots contre elle et chercher à la renverser ? Quelle patrie pourrait admettre la trahison ?

Je ne veux point dire que l'esprit social ait tort. Pour le moment, je tâche de le comprendre.

Sans doute son œuvre est relativement bonne — malgré de fréquentes aberrations — pour le groupe qu'il dirige, pour la socialité en général. Elle l'est aussi, peut-être, ce qui est autre chose, pour la majorité des individus qui s'unissent ou qui s'uniront plus tard dans le groupe. Elle ne l'est pas pour les désirs individuels qu'elle réprime. Et elle en réprime certainement d'innombrables quantités. Je veux bien que ces désirs soient de mince importance et peu intéressants. C'est, en tant qu'êtres sociaux, notre devoir de les juger tels. Ils n'en sont pas moins lésés. Il faut qu'ils le soient pour éviter des froissements plus étendus, plus nombreux et plus graves. Mais cela n'importe en rien, de son point de vue, à l'individu atteint. Si nous le réprimons, ce n'est pas dans son intérêt, c'est dans l'intérêt du groupe et dans le nôtre. Il n'y a pas là beaucoup plus de « justice » que lorsque nous tuons un animal pour le manger (et nous pourrions aussi faire valoir, pour nous concilier l'animal, que nous allons le transformer en un être supérieur). Admettons qu'il y en ait autant, et de la même qualité.

Mais, toujours poussé par le même désir de faire pénétrer au plus intime de l'individu l'idée du devoir et du droit avec le caractère absolu qu'il leur a donné, l'instinct social veut présenter à l'individu comme un triomphe pour lui, la répression de sa propre nature. Le « guillotiné par persuasion » passe pour un personnage plutôt comique et paradoxal. La morale veut en multiplier l'image. Il faut que l'individu accepte la loi et le coupable sa peine. Bien plus, on l'incite à la réclamer. Non seulement il a le devoir de la subir, mais c'est un « droit » qu'on lui reconnaît.

Sans doute s'il est intelligent et d'esprit souple, ou simplement si l'esprit social est encore assez fort en lui, le criminel pourra fort bien apprécier les raisons de la société. Mais s'il comprend ainsi les choses du point de vue social, il les sentira autrement s'il les regarde avec ses yeux d'individu sacrifié. Et la société pourrait aussi, sans renoncer à vivre et à se défendre, comprendre le cas de l'individu.

§ 14.

Le devoir est « impératif ». C'est là sa grande caractéristique. Il n'agit point par persuasion. Et ce n'est point par affection, par sympathie, par intérêt que nous l'accomplissons. Il commande, il est une autorité, et une autorité mensongère.

Il est une autorité extérieure. La pression qu'il exerce sur nous est tout à fait analogue à toutes les influences contraignantes qui nous viennent du dehors. Sans doute il ne peut agir sans que nous acceptions son autorité. Il en est de même de toutes les influences que nous subissons, hors le cas de contrainte par la force physique effectivement employée. Mais il faut, en outre, que nous la fassions nôtre, et que nous ayons cette illusion qu'elle vient de nous, alors que toutes ses prescriptions nous arrivent pourtant du dehors et que nous n'oserions jamais, à moins de vouloir simuler la folie, parler d'un devoir qui ne nous serait pas recommandé par quelque autorité morale, ou qui, du moins, ne serait pas reconnu comme devoir possible par un certain nombre de nos contemporains.

Il est une autorité abstraite et anonyme. Cela permet à l'individu de la considérer comme sienne et d'y voir l'influence directe d'un dieu. Cela permet à la société, tout en le formant, en s'en servant, de l'exalter comme l'expression de la libre personnalité, de la personnalité idéale de l'homme — ce qui est vrai en un sens — et de le faire ainsi accepter plus volontiers par la partie égoïste du moi. L'homme est porté à la sympathie envers ses semblables, et même à l'obéissance vis-à-vis d'eux. Son âme sociale l'y incline. Mais son âme individuelle et égoïste le porte au contraire à la méfiance et à l'opposition. Un ordre émané d'un homme en tant qu'homme le heurte et lui est suspect. Un ordre émané d'un homme qui est censé représenter les intérêts généraux, et l'intérêt même de celui qui doit obéir, ou qui est désigné comme l'interprète de la volonté divine, se fait mieux écouter. Et pareillement un ordre abstrait, intérieur, dont l'origine est méconnue, qui paraît sortir du moi lui-même, et représenter soit sa

nature essentielle la plus haute, soit une volonté
supérieure et divine.

§ 15.

L'autorité du devoir ment surtout et plus
essentiellement peut-être, par ce qu'elle a de
plus caractéristique dans sa nature.

L'obligation morale prend l'apparence de l'autorité précisément parce qu'elle ne peut pas se
faire obéir. Elle ordonne, elle prononce son
« sic jubeo » parce qu'elle n'a pas de raison
assez forte à faire valoir.

L'autorité extérieure peut contraindre parfois.
Quand elle ne le peut pas, on lui désobéit et il
n'en est que cela, si l'idée du devoir n'intervient
pas. Et c'est elle que l'on blâme. Quand un
gouvernement ne peut plus commander, on le
renverse et on le remplace. Quand un général
n'a plus de prise sur ses hommes, si l'on blâme
l'indiscipline du soldat, on est peut-être plus
dur encore pour le chef qui manque d'autorité.
Et le premier venu peut donner des ordres à
qui bon lui semble, mais on rit de lui si ses
ordres ne sont point écoutés. Un roi qui ne peut
plus se faire obéir par son armée et se faire respecter par son peuple n'a plus qu'à s'en aller.
Chacun en convient. Mais tout ceci est vrai au
point de vue pratique, politique, humain. Au
point de vue moral tout change.

Ici l'autorité est souvent impuissante, débile ;

elle est par nature même insuffissante, et elle
apparaît d'autant plus sacrée. Bien mieux c'est
elle qu'on appelle au secours des autres auto-
rités menacées. Si quelques fidèles s'empressent
vainement pour soutenir un trône disloqué,
c'est leur conscience qui les y pousse ; ils agissent par devoir, et s'ils blâment ceux qui l'ont
ébranlé, c'est encore au nom du devoir et de
la conscience.

Cette conscience, c'est sa faiblesse même
qui la rend sacrée, et cela est très remarquable.
Le devoir est d'autant plus impératif qu'il n'a
aucun moyen de se faire obéir, si ce n'est de
nous faire accepter son commandement. Il est
là pour subvenir de son mieux à une faiblesse
dont il est le signe. Il parle haut, il interdit de
vérifier ses titres, parce que la discussion lui
serait fatale. Il s'installe comme un aventu-
rier à qui sa hardiesse tient lieu de droits et
de force réelle, et dont le verbe est d'autant
plus arrogant qu'il est, au fond, moins con-
vaincu de sa puissance. Il procède par inti-
midation, et, d'autre part, il flatte sournoisement les instincts individualistes qu'il veut
soumettre pour forcer leur assentiment. Tout
cela pour remédier à l'impuissance relative de
l'instinct social, pour parer aux conflits du moi
et du nous. Si l'instinct social était assez fort,
si nous étions assez les autres, le devoir se
débarrasserait de tout son attirail d'ordres et
de défenses, d'appels au respect, de ce mystère
et de cette pompe sacrée dont il s'environne.

Il n'aurait pas à redouter la critique, il cherchorait moins à en imposer s'il imposait davantage, et il ne présenterait pas à l'individu comme un ordre intérieur et une révélation sacrée ce qu'il n'aurait qu'à montrer à l'esprit pour le lui faire volontairement accepter.

Pour bien comprendre la vraie nature du devoir, il n'est que de se rappeler en quels cas on l'invoque. Nous avons sans doute le devoir de manger pour soutenir nos forces. Mais vraiment on ne prêche pas ce devoir à un homme de bon appétit. A un petit garçon qui adore sa mère, on ne dit guère que c'est un devoir d'aimer ses parents. Il est tout à fait hors de propos d'invoquer l'impératif catégorique pour nous préparer aux petits sacrifices que nous acceptons assez volontiers par sympathie pour les autres, par instinct de sociabilité, par amour du groupe familial ou naturel, ou par routine. Un employé qui fait régulièrement et convenablement sa besogne n'a point le sentiment que son acte est sacré.

Si l'on emploie le mot « devoir » en de pareils cas, c'est en le prenant dans le sens positif invoqué plus haut, au sens où c'est le devoir d'un joueur d'échecs de ne pas mettre son roi en prise. Mais les choses changent quand nous voulons obtenir de quelqu'un un sacrifice qu'il n'est pas disposé à nous faire, et surtout un sacrifice que nous n'avons point le pouvoir de lui imposer. C'est alors qu'interviennent avec zèle les idées d'obligation, et les sentiments qui

les accompagnent. C'est alors que le caractère
sacré du devoir apparaît et s'amplifie. Quand
on parle de « caractère sacré », ou de « geste
auguste », méfiez-vous. Il s'agit d'imposer à
quelqu'un, à un individu, à un groupe, à une
classe, une croyance, des sentiments, des actes
qui lui seront pénibles. Alors on l'intimide ou
on le flatte. Ceux qui parlent des « saints calus
du travail honnête » ou du « geste auguste du
semeur » ne sont pas ceux qui ont les mains les
plus rugueusès, et l'on trouve surtout « sacré »,
le devoir que l'on exige des autres, ou celui qui
doit servir à leur arracher quelque concession.

Aussi faut-il ranger parmi les ruses de l'instinct social toutes ses flatteries à l'individu. Il
l'a isolé du reste de la nature, il l'a élevé au-
dessus de tous les êtres vivants, creusant un
infranchissable abîme entre lui et ses parents
animaux les plus rapprochés. Il a attribué au
devoir une valeur, une dignité singulière, à
laquelle rien ne se peut comparer. L'acte le
plus infime accompli conformément au devoir
élevait l'homme au-dessus du monde infini. Il
était vraiment difficile de parer de plus de fleurs
la victime désignée au sacrifice. Mais les fleurs
de la morale, sans vraies couleurs et sans par-
fum, ont trop souvent rappelé les couronnes
d'immortelles en plâtre peint dont on pare les
tombeaux.

§ 16.

Naturellement, j'ai dû simplifier, et, en un sens, dénaturer les faits pour être plus clair. J'ai éliminé tous les facteurs de la morale autres que l'instinct social, et j'en ai supposé l'action plus unie, plus éclairée, plus régulière qu'elle ne le fut jamais. Je n'aspire qu'à une vérité représentative et symbolique, et je sais d'ailleurs que nous n'en pouvons connaître d'autre. Nos perceptions mêmes sont des symboles et même la perception de notre moi. Nous n'avons nullement conscience, tant que nous ne l'avons pas analysé, de la vraie nature de notre sens du devoir, ni surtout de toute sa nature. Nous ne le percevons que très imparfaitement et très grossièrement, et nous associons à l'impression que nous en prenons ainsi bien des idées et bien des sentiments qui nous semblent à tort lui être indissolublement attachés. Ce qu'il y a de juste dans la conception du devoir[1] supporte ainsi toute une végétation parasite d'illusions et de mensonges, une véritable mythologie. A vrai dire, cette mythologie paraît avoir surtout prospéré chez les philosophes. C'est le propre des spécialistes en tout

---

1. J'ai tâché, il y a déjà longtemps, d'étudier de ce point de vue les réalités de la morale dans des articles publiés par la *Revue philosophique*, sur l'attente et le devoir, le devoir et l'obligation morale, la responsabilité et la sanction.

genre de commettre plus d'erreurs que le reste des hommes. Et cela est nécessaire, comme il est naturel, pour d'autres raisons, que les philosophes soient, à cet égard, au premier rang des spécialistes.

J'ai dû exposer les démarches successives de l'instinct social de façon à paraître transformer la réalité. Mais, je crois n'avoir fait, en somme, qu'user d'un procédé d'exposition nécessaire.

Ce que j'ai dit garde sa vérité abstraite et profonde. Sans doute de nombreux facteurs ont contribué à former les croyances morales, sans doute on peut les considérer sous bien des aspects différents et les rattacher à bien des causes diverses. J'ai moi-même envisagé jadis la morale tout autrement que je n'ai fait ici, et mon étude actuelle complète, je crois, sans les contredire, mes idées de jadis. Et l'on pourrait, sur le même sujet, dire bien des choses encore; rechercher, par exemple, le rapport de l'obligation morale avec les formes primitives de la religion et de l'État, analyser les prescriptions et les interdictions religieuses, le tabou, etc. Mais tout cela n'infirmerait pas, à mon avis, la conception que j'ai développée ici. Les nouveaux facteurs que l'on étudierait sont des formes ou des produits de l'instinct social, de l'âme sociale telle que je l'ai comprise ici.

Mais l'instinct social, l'âme sociale, l'empreinte que les autres ont mise en nous et qui est vraiment eux en nous-mêmes, avec tous les sentiments qui y correspondent, est un ensemble très complexe et très variable, comme au reste, la plupart de nos sentiments que la psychologie unifie singulièrement. Sans doute en certains cas, l'instinct social s'accuse, il ressort, il se dresse à part, dans sa généralité un peu confuse. C'est lorsqu'il s'oppose, sous quelque forme abstraite, à un instinct égoïste qui nous pousse à un acte trop personnel. C'est encore, mais ici il se divise déjà, lorsqu'il s'oppose à certains sentiments affectueux. Les autres mêmes se battent entre eux dans notre for intérieur. En tout cas il y a des moments où nous sentons avec plus de précision ce qui, en nous, nous sépare de nous, ce qui, tout en restant nous, n'est plus nôtre, ce qui nous unit à nos coreligionnaires, à nos amis, à nos parents, à notre patrie, à l'humanité entière. Nous avons alors l'impression que nous appartenons à un ensemble et que cet ensemble nous dépasse; nous savons qu'il veut telle ou telle chose de nous, et nous nous sentons attirés sur la route où il nous appelle. C'est une des formes abstraites et générales de l'action de l'instinct social.

Il s'en faut qu'il existe toujours sous cette forme. Il ne se rassemble pas toujours ainsi, ne se condense pas en une unité précise. Il est la résultante d'une foule de sentiments et de désirs divers qui nous entraînent vers les autres, vers telle ou telle personne, dans tel ou tel groupe, qui les réalisent en nous, les font agir en nous, et nous font agir par eux. Tous ces sentiments ont leur vie individuelle, ils

existent souvent à part les uns des autres, ils
peuvent s'unir, se fondre en un ensemble abstrait, mais ils peuvent aussi s'opposer et lutter
en nous. C'est ce qui arrive quand le désir
d'obliger un ami pousse l'homme dans une
direction, tandis que le devoir professionnel le
tire en sens inverse. Les conflits des autres en
nous ne sont pas moins nombreux sans doute,
ni moins importants que leurs conflits avec
nous-mêmes, mais ils ne rentrent guère dans
mon sujet actuel.

La complexité de la vie de l'âme sociale répond à la complexité de sa nature. Elle se dis-
tingue par l'analyse de l'âme individuelle, mais
en fait elle est constamment mêlée à celle-ci.
Rien n'existe en nous où les autres n'aient leur
part. Ils interviennent dans nos plaisirs les plus
égoïstes, puisque la vie sociale intervient plus
ou moins dans toutes nos joies comme dans
toutes nos souffrances, et que nous ne saurions
avoir aucune idée ni aucune impression, ni même
aucune perception qui n'ait été au moins pré-
parée par elle.

Aussi quand il n'agit pas visiblement et directement en nous, l'esprit social y intervient au
moins d'une manière imperceptible et détournée.
S'il ne crée pas tout à lui seul, il se sert de
tout ce qui naît, de tout ce qui passe dans l'esprit. Il travaille sourdement pour approprier à
ses fins, pour détourner à son profit les forces
que suscitent ou que façonnent l'art, la religion, la pratique de la vie et même l'instinct

égoïste. Il travaille aussi à éliminer ou à transformer tout ce qui ne peut s'adapter à ses des-
seins muets et profonds. Il dirige en ce sens
nos sentiments et nos idées, ou du moins il tend
à les diriger, car d'autres tendances s'y efforcent aussi, et lui-même se divise souvent, et
tout ce qu'il crée ou façonne tend à vivre pour
soi-même et doit être constamment surveillé et
maintenu. On comprend les luttes continuelles
qui s'engagent, les associations qui se font et se
défont, les synthèses qui naissent, se divisent,
se développent, se désagrègent, meurent, cependant que leurs éléments s'engagent, plus ou
moins transformés, en de nouvelles combinaisons. Rien ne peut se former, dans cette singulière et confuse mêlée, de tout à fait pur et de
parfaitement ordonné. J'ai tâché de dégager de
ce chaos une des formes générales de l'activité
de l'instinct social, j'ai un peu parlé comme s'il
était plus unifié qu'il ne l'est, comme s'il était
plus personnifié, comme s'il agissait consciem-
ment et logiquement. Il est évident que tout
cela comporte, au moins dans la forme, une
part de fiction, je pense que cette fiction dégage
et protège d'essentielles vérités.

J'ai surtout parlé du rôle de l'instinct social
dans la morale traditionnelle, un peu aban-
donnée sans doute par quelques philosophes,
mais bien moins cependant qu'ils ne le pensent.
Elle vit encore et vivra longtemps dans l'organisme mental de l'humanité. Et il est bien intéressant d'en retrouver l'esprit chez des penseurs

relativement très libres, et qui se croient peu de préjugés. L'influence de l'esprit social est par trop évidente pour que j'insiste, dans toutes les morales qui se fondent sur la sociologie ou qui disparaissent en elle, qui pensent trouver en elle leur forme achevée et parfaite. Mais on retrouve encore sa trace et son influence jusque dans ce qui paraît être seulement une révolte de l'instinct individualiste, tellement l'esprit social se mêle à toute notre vie et s'applique à la tourner à son profit. L'individualisme aristocratique, l'anarchisme individualisme même, les conceptions d'un Max Stirner ou d'un Nietzsche sont encore des rêves sociaux, où le désir de l'individualisme peut devenir le point de départ d'une nouvelle — peut-être pas si nouvelle — organisation des rapports des hommes entre eux. L'âme sociale tâche de tourner à son profit même les révoltes de l'âme individuelle, ce que celle-ci s'efforce de lui rendre autant qu'il est en elle. Quoi que nous fassions, nous ne pouvons éviter complètement

La lettre sociale écrite avec le fer

et pour garder même la part qu'il croit bien tenir et qu'il ne veut pas abandonner, l'instinct égoïste doit se défendre constamment.

CHAPITRE III

LES IMMORALITÉS DE LA MORALE

§ 1.

La fonction générale de nos organes est d'entretenir la vie de l'organisme. De même la fonction de nos instincts égoïstes est d'assurer l'harmonie de l'organisme et notre vie mentale. Et pareillement aussi la fonction de nos instincts sociaux, de l'âme sociale répandue en chacun de nous est d'assurer la continuation ou le perfectionnement de la vie sociale. Ces instincts sont en nous les organes d'un être, réel ou virtuel, plus grand que nous, qui nous pénètre, et tantôt nous aide, tantôt nous combat, mais qui vit ou tend à vivre pour lui-même et non pour nous. Les autres hommes, les groupes, le monde entier se condense ainsi dans chaque esprit et par là, tend à s'organiser.

La morale sous toutes ses formes est, en

somme, la résultante des efforts de cet être
supérieur pour vivre et se créer par nous, pour
nous dompter et nous faire travailler à ses fins.
Un travail aussi compliqué où s'emploient des
forces aussi diverses et aussi incohérentes, ne
peut éviter les erreurs et les déviations. les dé-
gradations mêmes. Le jeu indépendant des éléments sociaux, des éléments de l'esprit, des
éléments du monde s'y traduit sans cesse par
des arrêts et des méprises.

La morale se fourvoie continuellement. Sous
sa forme abstraite et systématisée, elle s'est
toujours montrée incapable de remplir sa mis-
sion, par impuissance, par maladresse ou par
ignorance de son but réel dont elle s'est même
interdit de connaître la vraie nature. Fréquem-
ment les morales ou les ébauches, les possibilités de morale qu'on voit se dessiner çà et
là menacent la société qu'elles devraient proté-
ger. Sérieusement appliquées, elles auraient
vite désorganisé ou supprimé toute vie. Mais
elles n'ont pas toujours assez d'influence pour
faire tout le mal dont elles sont capables. L'ins-
t. .ct social obscur et les instincts égoïstes aussi
résistent souvent à ces produits morbides de la
vie, sous qui la vie se continue, en d'assez mauvaises conditions d'ailleurs. La morale prêchant
le bien à la vie, c'est souvent un aveugle ensei-
gnant à de fort médiocres artistes des théories
sur la ligne et la couleur.

§ 2.

Que le devoir varie avec les temps et les lieux, c'est un fait bien simple et dont on a singulièrement exagéré l'importance. Autant s'étonner qu'un chien ne soit pas un chat. Il est trop évident que si une morale représente bien l'effort d'une société pour se former et se conserver, ou le résultat acquis par cet effort, ses principes et ses préceptes doivent dépendre étroitement de la nature de cette société. Une société industrielle et une société guerrière, une monarchie absolue, une organisation socialiste, une communauté anarchiste ne peuvent ni vanter ou imposer le même idéal, ni recommander les mêmes moyens de le réaliser. Et même dans une société, chaque organe social, chaque groupe, chaque individu selon la fonction qu'il remplit, ses aptitudes et ses besoins a son idéal à lui, son sens collectif spécial, ses devoirs propres. Sans doute l'ensemble ne peut vivre que par un accord relatif de ces diverses morales spéciales, mais elles s'opposent toujours plus ou moins les unes aux autres, et elles ne peuvent pas cesser de s'opposer sans cesser d'être et sans que la société cesse d'être à son tour.

Toute différence des idées morales ne suppose donc pas une déviation, à moins de tenir pour une déviation tout ce qui suppose un état imparfait, et, en ce cas, tout n'est que déviation.

Mais des pratiques bien diverses et qu'il est habituel de juger répugnantes ou stupides si on ne les pratique pas — et même parfois si on les pratique — la polygamie ou la monogamie, l'inceste ou la prohibition du mariage entre parents, des habitudes particulières de prendre certains aliments ou de s'en abstenir, peuvent parfaitement être bonnes ou mauvaises selon le temps et le lieu, le climat, la race, la nature des hommes et des groupements sociaux.

Sans doute toutes les sociétés n'ont pas la même valeur, et la civilisation grecque fut supérieure à celle des Fuégiens. mais nous ne povons pas déduire de ce fait une morale générale. Nous ne pouvons nullement, ni dire quelle est la forme la plus haute que l'humanité puisse atteindre et en préciser les lois et les conditions, ni, bien moins encore, savoir quelle est la plus haute forme de l'existence, dont nous pouvons seulement affirmer qu'elle est imparfaite. Il est déjà très difficile de savoir ce qui convient le mieux à tel peuple donné, à un moment donné. Mais c'est là une question qu'on se fait un devoir de résoudre sans le moindre doute, à tort et à travers.

Si l'on a beaucoup parlé de la relativité de la morale, on l'a presque toujours mal comprise. On apprécie souvent une coutume sauvage, par rapport à notre société; c'est comme si on appréciait la griffe du tigre par rapport à l'organisme de la brebis. Chaque institution doit être examinée dans ses rapports, non point avec un idéal abstrait ou supposé réel, mais avec le peuple qui la possède. Cela n'empêche point d'étudier ensuite la valeur relative des peuples divers, mais c'est une question différente. On verra peut-être ainsi jusqu'à quel point une morale, théorique ou réalisée, correspond aux besoins réels d'un peuple, jusqu'à quel point elle repose sur une fausse conception de l'état social. Cela sera d'ailleurs très difficile. C'est qu'une conception morale, tend souvent à transformer une société. Et il est parfois impossible de prévoir si la transformation qu'elle prépare est possible, et si elle sera avantageuse. Le féminisme, le pacifisme, les doctrines socialistes ou anarchistes par exemple proposent des solutions morales ou sociales. On ne peut guère dire si elles se réaliseront ou non, et, au cas où elles se réaliseraient, quelles en seraient les conséquences, à moins d'être éclairé par quelque principe immuable, par quelque révélation d'en haut ou simplement par ses goûts personnels.

D'autre part, et c'est une autre difficulté pour apprécier une déviation, il est possible d'affirmer que, dans certains cas, la conduite qui aboutit à la dissolution d'une société est une conduite vraiment morale. Un bandit qui se livre à la justice, nuit à ses compagnons, il trahit son groupe. Il agit bien par rapport à la société que cette bande exploitait. La solution du problème paraît simple, et beaucoup douteraient même qu'il y ait là quelque problème.

L'une des deux sociétés étant plus grande, plus forte, représentant une systématisation plus large, peut être considérée comme devant être le centre directeur de la conduite. Cependant, si cette société, quoique meilleure qu'une bande de brigands, est pire que d'autres contre qui elle lutte, il peut être mauvais qu'une cause de faiblesse vienne à disparaître pour elle. Et d'ailleurs qui admettra qu'un général a le droit de trahir sa patrie si elle est en guerre avec un adversaire bien supérieur en civilisation? Peut-être le peuple au profit de qui se fera la trahison, s'il a plus d'infatuation que de préjugés.

§ 3.

S'il ne faut pas toujours prendre pour des erreurs les divergences morales des différents peuples, il ne faut pas non plus se hâter d'en trouver dans les contradictions morales qui foisonnent à un même moment chez un peuple ou chez un individu.

Les contradictions, les oppositions entre groupes différents correspondent en partie aux morales diverses que fait naître une civilisation quelque peu touffue, aux morales professionnelles, peut-on dire, en élargissant convenablement le sens du mot. La morale d'un médecin peut contredire celle de l'homme politique, la morale du père de famille n'est pas toujours d'accord avec celle du citoyen. Mais ce genre de spécialisation morale et de conflits est bien plus universellement répandu qu'on ne me paraît l'avoir cru, et sous bien plus de formes variées et partout éparses.

A une époque donnée, il existe en général un ensemble de croyances, communément accep-tées, sur l'homme et sur le monde ; il existe aussi une morale qui se rattache à cette croyance. Par exemple, le christianisme et la morale chré-tienne. Mais il est patent que bien des gens se disent et se croient chrétiens, qui non seulement ne pratiquent guère la morale chrétienne, mais professent même des principes niant directe-ment les idées morales qu'ils acceptent et invo-quent à l'occasion.

C'est une des circonstances qui montrent en chacun de nous plusieurs morales. Mais ces circonstances sont innombrables. Le même homme possède en général — implicitement ou non — autant de morales qu'il a de besoins à satisfaire. Il en a une qui ordonne l'oubli des injures et une autre qui veut qu'on se venge, il en a une qui prescrit de ne point s'attacher aux biens de la terre, et une autre qui lui impose d'en acquérir le plus qu'il pourra. Chacune de ces morales a son autorité, et quoiqu'elles se contredisent logiquement autant qu'il est pos-sible, cependant elles ne se heurtent pas tou-jours en fait parce que chacune a son domaine et volontiers s'y confine. Il y en a qui servent la semaine, et d'autres qui ne sortent que le di-manche, en beau costume.

Ces différentes morales répondent aux différentes poussées de la société. L'âme sociale est
incohérente et multiple, plus encore que l'âme
individuelle. Son action sur celle-ci est plus
forte, ou plus tortueuse que franchement systématisée. Des individus, des groupes, des
ensembles de groupes très nombreux et très
variés agissent sur nous et agissent toujours, à
quelque degré, chacun pour soi. Ils s'accordent
parfois, ils se combattent souvent, car la société
n'existe pas réellement encore et ses éléments
de divers ordres restent assez indépendants. La
famille, les amis, la patrie, l'école, l'église, le
groupe professionnel, l'état, l'humanité cherchent à nous façonner à leur guise et à nous
imposer comme devoir ce qu'ils espèrent de
nous. Comme ils ne s'accordent guère, il naît
autant de morales, si l'individu est plastique,
qu'il y a d'influences divergentes exercées sur
lui. Le moi réagit de son côté plus ou moins et
cherche à faire passer sous le couvert d'une
autorité respectée, les règles de conduite qui
lui conviennent. Tel négociant aura pour ses
affaires une morale commerciale, une morale
religieuse en ce qui concerne le culte, les paroles à prononcer en des circonstances précises,
une morale mondaine qu'il emploiera avec ses
amis, et bien d'autres encore. Toutes ces morales se contredisent, et aucune n'approuverait
ce qu'ordonnent les autres. Mais elles se sont
reconnu tacitement des limites qu'elles respec-
tent à peu près pour vivre en paix. Celle même

qui a la prétention de régler toute la conduite s° contente à peu près d'une suzeraineté nominale.

Peut-être est-il possible de parvenir à un état plus logique, à une coordination plus serrée. Cela arrive parfois. Mais un illogisme intense est de règle, et dans bien des cas l'unification serait dangereuse et c'est pour cela, sans doute, qu'elle ne se produit pas. Elle dépasse de beaucoup les ressources de la société et de l'homme que nous connaissons. L'esprit social, trop épars, trop divisé, trop incohérent encore pour se condenser en une morale passablement unifiée, est assez fort cependant pour s'opposer en général à ce qui causerait sa ruine. Il s'accommode infiniment mieux de l'incohérence que de la mort. Et il faut prendre — non pas toujours, car il s'en faut que l'instinct social soit infaillible ! — mais assez souvent, les contradictions logiques et morales qui éclatent de tous côtés et que chacun accepte dans ses idées et dans sa conduite, pour un moyen de préservation et de succès de la société comme de l'individu. Et il paraît donc que si la fin dernière de la société est la vie sociale, et si l'illogisme et l'immoralité (je veux dire les contradictions morales) sont nécessaires à la vie, il reste encore de la logique dans cet illogisme et de la morale dans cette immoralité. Ces désordres ont souvent leur utilité relative et leur raison d'être.

§ 4.

Utilité ruineuse d'ailleurs et raison d'être dépourvue de gloire. Les territoires de chaque morale particulière sont trop mal délimités pour que la paix soit toujours possible. Et puis les malentendus qui persistent sont des sources de conflits qui ne tarissent jamais. On agit selon une règle, on exige des autres qu'ils suivent une règle tirée d'une morale différente. Tel homme qui applique à ses voisins une morale de commerce et de concurrence, exige volontiers d'eux qu'ils le traitent en ami, selon une morale de sympathie. L'incohérence de l'action sociale qui développe l'incohérence individuelle, crée par une sorte d'action en retour de nouvelles incohérences sociales. Par là s'accroît encore l'opposition des pratiques et des morales, et se forment aussi dans la société des séparations parfois profondes. Des classes, des partis, des sectes se dessinent, évoluent, rivalisent. Ainsi d'une part l'âme sociale vit et se développe, de l'autre elle se désagrège et se corrompt. Les deux transformations opposées se déroulent côte à côte, mais tantôt c'est l'une qui l'emporte et tantôt c'est l'autre. Selon leur rapport, la société se maintient à peu près, ou bien elle prospère, ou bien elle va vers la ruine. Les conflits, ainsi que toutes les déviations des morales, se résolvent à l'analyse, comme les

déviations des idées et des sentiments, en une
activité indépendante d'éléments dont la coordination serait requise.

Il importe, en effet, que toutes nos tendances,
tous nos désirs tendent à se réaliser, et pour
cela, tant que leur réalisation n'est pas accom-
plie, à se poser en idéal, à s'imposer comme
principes de conduite, à revêtir le caractère
obligatoire de la morale. Des inhibitions nombreuses les empêchent souvent d'y parvenir.
Mais chacun peut provoquer une sorte de cris-
tallisation d'idées, de maximes de conduite, de
préceptes. Il se forme ainsi des ensembles
d'habitudes, tout à fait analogues à de petites
morales partielles réalisées, dont on ne s'oc-
cupe guère de tirer des règles abstraites parce
qu'elles n'en ont pas besoin et qu'elles vivent
sans cela, mais qui provoquent des joies et des
douleurs analogues aux satisfactions de conscience et aux remords et dont la nature impérative apparaît quand elles sont menacées. Les
rites pour préparer le café à la manière de
la famille, le changement de toilette conforme
aux usages, le repas de la veille de Noël, des
procédés de manufacture spéciaux acquièrent
ainsi une sorte de valeur morale et de caractère
obligatoire.

§ 5.

Les éléments d'un même tout peuvent ainsi
vouloir dominer, devenir à leur tour le rouage

important, le moteur du système. Et comme les esprits ne se ressemblent pas, les éléments d'une même doctrine, établie dans différents esprits, y rencontrent des conditions bien différentes qui tantôt favorisent les uns et tantôt les autres. Selon les époques, selon les moments, selon les groupes, selon les individus, tel ou tel élément s'affirmera avec plus de force, apparaîtra comme le plus glorieux; il suscitera de nouveaux sentiments et des idées imprévues. Que de conceptions morales différentes a fait surgir le christianisme! François d'Assise, Martin Luther, Calvin, Escobar, Pascal se réclament tous de Jésus, Torquemada et Tolstoï aussi. Que sera-ce si nous descendons aux disciples et aux sous-disciples, puis aux brutes sanguinaires ou rusées comme on en trouve à peu près toujours, à peu près partout? Il y a une lutte déclarée ou latente entre les éléments d'une même doctrine, comme entre les disciples d'un même maître et les membres d'une même secte. Le premier appel d'un désir, le moindre choc d'une idée, viendront rompre l'harmonie et multiplier les divergences et les déviations.

Ainsi dans des doctrines morales dont l'office est d'aider à la conservation de la vie sociale, ont germé et grandi des désirs d'ascétisme rigoureux, la croyance à l'excellence de la virginité, même à la nécessité des mutilations qui la rendent sûre. En de pareils cas l'instinct social s'est réellement retourné contre lui-même et sa propre influence tend à le détruire.

Et certes, certaines de ces déviations sont d'une admirable et très rare logique. Si une vie future, telle que l'ont comprise les chrétiens et quelques philosophes spiritualistes nous promet réellement l'éternité de ses peines et de ses joies, la vie terrestre devient tout à fait insignifiante et négligeable, sauf en tant que moyen de préparer la vie future, et de nous concilier, par tous les moyens qui lui plaisent, le juge suprême. Que de là, selon l'idée qu'on prend du dieu créateur, on arrive à l'ascétisme cruel, aux mutilations, au meurtre, au suicide ou aux sacrifices que tant de raisons ont multipliés en tant de lieux, on peut avoir été mené par une logique étroite mais rigoureusement ferme. La déviation, s'il y en a une, comme l'admettraient tous ceux que console une foi différente, proviendrait non d'un enchaînement défectueux des idées et des préceptes, mais de l'étroitesse et de la fausseté du point de départ.

Mais si, comme notre condition d'hommes nous y oblige, nous partons toujours d'une doctrine incomplète, et sur certains points erronée, on peut dire que toute morale uniquement fondée sur une conception du monde un peu précise est une déviation par elle-même, en même temps qu'elle prépare de nouvelles déviations, et, en somme, une dangereuse immoralité. Et si toute morale a pour origine la poussée des autres qui sont en nous, la pression de l'instinct social, il est intéressant de voir par quel mécanisme compliqué, à cause de quel jeu indépendant des phénomènes sociaux et des éléments psychiques, la société en vient à marcher contre son but essentiel, et à imposer à l'individu, malgré lui et en quelque sorte malgré elle des actes pénibles pour lui et qui tendent à la détruire.

Il faut bien, cependant, envisager aussi l'hypothèse d'une sorte de suicide social. Cette marche vers la destruction pourrait en certains cas être assez logique et assez morale comme l'est parfois, même au point de vue individuel, un acte de suicide. Si la morale doit rendre la vie bonne, elle peut devoir aussi la supprimer dans le cas où il appert qu'elle ne peut être que trop mauvaise. Il n'y aurait pas là de contradiction avec son principe.

§ 6.

Ce sont des survivances que nous trouvons souvent à l'origine des aberrations de la morale. Les survivances, dont la part dans notre vie est énorme, sont toujours le résultat d'une activité trop indépendante des éléments, qui vivent pour eux-mêmes et persistent sans se modifier en corrélation avec les circonstances nouvelles. Les devoirs qu'on nous impose en sont tout parsemés. Elles se prolongent dans un état social qu'elles froissent comme de chères et pénibles impressions d'enfance dans une conscience d'homme.

La nouveauté des idées et des sentiments ne nous en garantit pas mieux la valeur que leur ancienneté. Mais elle s'allie moins à des sentiments d'obligation et de respect. L'imitation-coutume, pour employer ici les termes de Tarde, est plus impérative que l'imitation-mode. La raison en est simple. C'est qu'elle contrarie l'individu davantage. Pour nous faire imiter nos contemporains, l'âme sociale peut nous abandonner à nos propres goûts. Pour faire conserver des traditions qui choquent en nous tant d'aspirations et de désirs, elle doit les présenter comme respectables et sacrées. Ce qui est « moral » et « obligatoire », c'est, bien souvent, ce qui a convenu à nos arrière-grands-pères. Et ce qui passe pour immoral, c'est, bien souvent aussi, ce qui nous conviendrait à nous. L'âme sociale a pris des habitudes et des manies, elle nous les impose. Elle veut trop nous revêtir des costumes moraux qu'ont portés nos pères, et que, même en loques, elle conserve et vénère encore. Et moins la raison de la survivance est visible, plus elle paraît sacrée. La morale, comme toute théorie de faits très complexes, est forcément en retard sur les faits eux-mêmes, sur les mœurs. Nous vivons dans un temple ruiné qui nous abrite mal et menace de s'écrouler sur nous. Sur certains points les idées reçues sont exagérément vieillies, et, par exemple, en ce qui concerne le respect dû aux morts, les relations sexuelles, l'honneur, nous avons une mentalité de sauvages ou de barbares.

Et ce sont les idées les plus extravagantes qui apparaissent comme les plus sacrées.

Malheureusement si la survivance est une source abondante de déviations, le changement ne lui cède peut-être en rien. Toujours de nouvelles aspirations s'élèvent et prétendent diriger à leur tour notre conduite. Mais elles aussi agissent pour elles, et ne se préoccupent pas de se mettre d'accord entre elles ou avec ce qui pourrait subsister de l'ancien état de choses. Quand elles s'en préoccupent, elles n'y parviennent guère. Les promoteurs d'une réforme ne savent pas ce qui doit sortir de leurs principes. Nous avons eu depuis assez peu de temps des transformations ébauchées sinon accomplies. La démocratie — ou ce que l'on appelle ainsi, — le féminisme, le rétablissement du divorce, le pacifisme, le socialisme se sont développés en cherchant à transformer en divers sens le monde social, et en proposant au moins de nouvelles morales partielles, des fragments de morales. Et dans tous les mouvements d'idées, les déviations ont été nombreuses et assez graves. Tout le monde en conviendrait sans doute, et même leurs partisans. Il est tout à fait impossible qu'une conception sociale ou morale nouvelle naisse et grandisse sans aberration, sans défauts de logique, sans que les efforts de ses amis n'entravent plus ou moins sa marche.

D'ailleurs les conséquences d'une idée nouvelle ne peuvent être prévues. Elles résultent de la rencontre de ce principe avec une innombrable quantité de forces, toujours variables. Les connaître, en apprécier la réaction, déterminer les conséquences de la rencontre et des modifications qui vont indéfiniment se multiplier dépasse de beaucoup la portée de l'esprit humain. Nous avons pu voir naguère comment un désir bien simple de justice s'appliquant à un cas donné et concret, peut préparer ou faciliter des changements sociaux extrêmement importants et qu'on eût pu croire sans corrélation apparente avec le point de départ de l'affaire.

Il résulte de tout cela une cause importante de relativité dans notre jugement sur les déviations morales. Quand nous apppelons déviation un mouvement qui a été enrayé ou corrigé, nous jugeons souvent par rapport au résultat final. Mais si ce mouvement avait réussi, il aurait peut-être abouti, lui aussi, à un équilibre, un équilibre différent, mais peut-être supérieur à celui qui s'est produit. Dans une lutte de parti, celui qui succombe prend le rôle d'un factieux, celui qui triomphe, s'il sait vivre ensuite gouverne légitimement. Il faut donc bien distinguer, ce qui n'est pas toujours possible, entre la vraie déviation, celle dont le triomphe entraînerait la ruine, et la fausse déviation, celle qui aurait, en d'autres circonstances, pu produire une réalité durable et solide.

§ 7.

Ainsi la conservation et le changement entraînent constamment des déviations. Les deux
faits vont ensemble. Ce sont les changements
qui font que les survivances sont immorales et
ruineuses; ce sont les survivances qui font, en
partie, le danger des changements. La conservation et la transformation s'imposent toutes
deux, seulement elles se font mal. Le monde est
un chaos, une poussière de systèmes, où apparaissent çà et là quelques tourbillons plus régu-
liers. La société est aussi une sorte de chaos,
moins irrégulier que l'autre. Et tout ira ainsi
tant que l'ensemble de l'univers et l'ensemble
social ne seront pas fixés dans quelque évolution
sans cesse répétée qui deviendra ainsi régulière
— comme le sont peut-être ainsi devenues les
combinaisons chimiques. La société alors comme
un acteur qui a joué la même pièce un millier
de fois, saura son rôle.

Jusque-là, elle devra tâtonner, chercher, sup-
pléer par l'intelligence, l'effort, le sentiment,
les conceptions à demi-mystiques aux défectuo-
sités de l'organisation. Partout, dans la société,
nous constatons des déviations qui manifestent
l'activité indépendante des éléments : hommes
ou groupes. Le public apprend de temps en
temps qu'un conflit s'est élevé entre les bureaux
de la Guerre et ceux de la Marine, ou bien que

le ministre des Travaux publics juge indispensables des dépenses que le ministre des Finances
déclare impossibles. Ces luttes, qui ne se révèlent au dehors qu'accidentellement sont de tous
les instants, et pour dangereuses qu'elles soient,
elles sont indispensables à la marche des affaires. Il est trop évident que les devoirs d'un bon
ministre de la Guerre, en tant qu'il est spécialisé
dans sa fonction, s'opposent aux devoirs professionnels d'un bon ministre des Finances. L'idéal
de celui-ci est d'économiser, l'idéal de celui-là
est de donner à l'armée son maximum de force,
l'économie n'est pas du tout l'essentiel de son
devoir.

Partout et toujours la lutte, ouverte ou latente, est continuelle. Chaque devoir professionnel en tant qu'il est en lutte avec d'autres
et qu'il ne se subordonne pas de lui-même à une
coordination supérieure — ce qui est un cas
très fréquent — est une sorte de déviation morale. On peut l'admirer parfois, car elle a sa
beauté esthétique et sa grandeur, mais il faut
bien la prendre pour ce qu'elle est. Encore la
voyons-nous ici sous sa forme la plus haute.
Mais il est une infinité de déviations qui s'abais-
sent de plus en plus, jusqu'à toucher la bêtise
mesquine et la vanité imbécile. L'esprit de corps
en offre beaucoup de variétés, l'esprit de famille
également et le patriotisme aussi parfois, bien
qu'il puisse aussi s'élever très haut. C'est au bas
de l'échelle, sans doute, que se tasseront les déviations purement égoïstes.

La déviation est particulièrement nette quand la morale partielle (professionnelle ou autre) veut se faire passer pour la morale entière. Cela est fréquent. Chaque système social est aussi envahissant que ses forces le lui permettent. Chaque homme même se persuade vite que la patrie est en danger quand ses propres intérêts sont lésés. Mais chaque groupe s'imagine que son idéal seul est vrai, et que les autres ne sont rien, ou pas grand'chose. Un artiste rêve volontiers d'une civilisation artistique, et un industriel d'une civilisation industrielle. L'esprit théologique, l'esprit militaire ont montré leur puissance d'abus. L'esprit scientifique en ferait volontiers autant.

Et chaque groupe, chaque fonction, chaque morale spéciale est également troublée sans cesse par de petites déviations où se traduit l'influence excessive de tel ou tel élément et la mauvaise coordination de l'ensemble. L'histoire d'une théorie, d'une doctrine nous montre que ceux qui l'ont fondée ou développée ont risqué souvent aussi de la faire avorter ou de l'affaiblir Les Pères de l'Église, en tout ordre de choses, sont volontiers près de l'hérésie. Voyez l'histoire du catholicisme, ou encore l'histoire de la théorie de l'évolution. Des rectifications continuelles sont indispensables. De même une société, dans son ensemble, est toujours sur le point de se laisser entraîner trop loin dans un sens ou dans l'autre. La morale en se conservant et en se transformant, se déforme sans

cesse et doit sans cesse être rectifiée. D'une génération à celle qui la suit, si certains grands
principes subsistent, une foule d'applications,
d'habitudes particulières, d'appréciations, changent au point de séparer parfois assez profondément les parents et les enfants. Ce qui était
inconvenant devient toléré ou même louable, ce
qui était permis, sans difficulté devient cho-
quant. A mesure que les générations se succè-
dent, le changement s'élargit. Et des retouches
continuelles sont indispensables pour parer aux
déviations toujours menaçantes et pour les empêcher au moins de s'aggraver.

§ 8.

Les instincts égoïstes, dont j'ai négligé l'action
jusqu'ici, interviennent efficacement dans les
déviations de la morale.

Ces instincts se soumettent, quand ils ne sont
pas les plus forts, ou qu'ils sont dupés par
l'âme sociale, mais ils subsistent, se défendent,
rusent aussi, toujours prêts à reprendre l'offen-
sive et au moins à tirer le meilleur parti de la
situation qui leur est faite.

Ils ont ainsi travaillé aux parties les plus
contestables de la casuistique et contribué à
son mauvais renom. « Je tourne la loi, donc je
la respecte », dit un personnage de comédie.
C'est ainsi que l'instinct égoïste respecte, quand
il le peut, les lois morales qui le gênent. C'est

là sa revanche. L'instinct social, en opprimant l'individu, lui rend hypocritement hommage. Il lui présente le devoir comme conforme à son propre intérêt, et comme la seule activité digne d'une volonté libre. De même l'instinct égoïste reconnaît la supériorité de l'instinct social, il accepte ses ordres. Mais il se dédommage en les interprétant.

Son œuvre diffère selon les aptitudes de chaque esprit. L'égoïste fort et peu scrupuleux néglige ou repousse les recommandations de l'âme sociale. L'égoïste timide, faible, ou consciencieux cherche à se convaincre et à convaincre les autres qu'il agit pour le mieux. Souvent une lutte de ruses met aux prises, dans l'individu, l'âme individuelle et l'âme sociale. Elle remplace parfois, sans l'exclure complètement, la lutte violente où chacun des antagonistes cherche à diriger la personnalité, à supprimer son adversaire ou à triompher par surprise pendant ses distractions et ses sommeils.

§ 9.

Ces divers genres de lutte caractérisent des types d'hommes différents et provoquent des déviations différentes de la morale. Le premier convient aux timides, aux scrupuleux, aux prétentieux et aussi aux personnes affectueuses qui ne veulent pas faire souffrir les autres sans se persuader que c'est pour leur bien. La satisfaction morale est, en ce cas, un plaisir de plus qu'on ne paye pas trop cher.

Les luttes de violence décèlent plutôt les impulsifs tourmentés, aux passions impétueuses, dont la personnalité est assez forte et assez socialisée cependant pour ne pas laisser ces passions déborder et s'étaler sans chercher à les contenir. Elles conviennent aussi à ceux qui veulent sincèrement être sincères avec eux-mêmes, ce qui ne les empêche pas toujours de s'aveugler.

Un degré de plus d'organisation ou de désorganisation fait surgir des types nouveaux. Avec un peu plus d'organisation, la personnalité est trop serrée pour qu'une lutte ouverte s'y produise. Les rôles sont bien distribués dans la comédie de la vie. Chaque élément sait comment il doit tenir le sien. L'égoïsme triomphera sans bruit dans des cas prévus, l'altruisme et le devoir auront leur tour. Des concessions réciproques qu'on feint d'ignorer ou même qu'on ignore évitent bien des conflits.

Si, au contraire, la désorganisation s'aggrave, c'est l'impulsif violent et sans grande cohérence qui se dessine. Il agit tantôt dans un sens et tantôt dans l'autre, au hasard des circonstances et de l'éveil des désirs, sans que tout cela soit régularisé. Et il se prouvera avec la même évidence, tantôt dévoué, chevaleresque, tantôt égoïste et brutal.

Tous ces types restent schématiques. La réalité a des lignes moins simples. On peut cepen-

dant y rattacher bien des faits observés chaque
jour.

On y peut rattacher aussi, partiellement au
moins, bien des déviations de la morale. A la
première, à la ruse des instincts égoïstes, toute
une partie de la casuistiqne par où les instincts
égoïstes s'efforcent de tourner la loi pour se
satisfaire en ayant l'air de la respecter, et toutes
les petites hypocrisies de même nature, si fréquentes dans la vie. A la lutte violente et à l'incohérence qui l'accompagne souvent, il faut plutôt reporter l'incohérence des préceptes moraux,
le triomphe de morales partielles très égoïstes,
et qui s'opposent nettement à la morale générale qu'on accepte encore, les proverbes, les
dictons où triomphe l'égoïsme et qu'on répète
comme arguments et comme maximes autori-
sées : chacun pour soi, charité bien ordonnée
commence par soi-même, etc. La morale mondaine, la morale de l' « honneur », sont pleines
de pareilles maximes.

Il faut y rattacher encore indirectement bien
des jugements moraux souvent implicites, peu
appréciés des philosophes, mais qui tiennent
leur place dans la vie. Je rangerais volontiers
dans les déviations qu'ils expriment l'indulgence excessive dont jouissent les crimes « pas-
sionnels » et les désirs « irrésistibles » qui devraient être jugés d'autant plus sévèrement qu'il
est plus difficile de les vaincre. J'y rangerais
aussi une admiration plus excessive encore pour
les traits de bonté des scélérats, ou les caprices

de délicatesse de quelques bandits, comme une
sévérité exagérément impitoyable pour une faiblesse, même pour un crime exceptionnel. Hugo
me donne d'excellents exemples de ces deux
déviations inverses et symétriques. Je les lui
emprunte volontiers, parce que Hugo a la prétention — moins légitime qu'il ne l'a cru, mais
bien plus justifiée qu'on ne l'a dit — d'être non
pas un simple artiste, mais un penseur et un
conducteur d'esprits, et que, en tous cas, il reflète et condense des opinions réelles. Kanut
est un grand roi dont les hauts faits et les bien-
faits ne se comptent plus. Mais un crime, un
seul, le damne pour l'éternité. Le sultan Mourad
est souillé de tous les crimes et de tous les
vices, mais il a un jour poussé du pied vers
l'ombre un porc expirant que brûlait le soleil.
Tout lui est pardonné. Et cela est très beau en
vers, parce que c'est de Hugo, mais l'illogisme
et les déviations s'y étalent trop pour que j'y
insiste. Et l'on peut dans la vie remarquer
constamment des jugements de cette espèce,
avec la beauté poétique en moins.

§ 10.

En tant qu'un mensonge est une déviation,
nous pouvons considérer comme déviations les
mensonges secondaires dont la morale s'entoure.
Je les trouve dans un immense ensemble de
doctrines, d'opinions, d'idées, de sentiments

plus ou moins coordonnés en système et va-
riant d'une époque à l'autre, d'un groupe social
à un autre groupe, et même d'un individu à un
autre individu. Ils ont toujours quelque chose
de mal adapté, de gauche, d'imprécis et de
faux qui, malgré la parcelle d'utilité et de vérité
qui les anime, les rend, du point de vue social,
presque pathologiques.

C'est, évidemment, une déviation grave que la
notion du devoir telle que nous l'avons étudiée,
ce sont des déviations aussi que les idées con-
nexes du droit, du libre arbitre, de la responsabilité, de la sanction. J'ai tâché de dire, ici et
ailleurs, quel sens précis ces notions pouvaient
garder. Telles qu'on nous les a faites, elles sont
des nids de contradictions et d'immoralités. La
notion philosophique courante du droit suppose
un état d'esprit nébuleux et assez incohérent.
Et les rapports du droit avec la force sont continuellement mal compris. L'idée de justice
n'arrive pas à se dégager, elle est méconnue et
faussée à chaque instant.

L'idée du libre arbitre est admirable pour
vicier les jugements moraux, en les faisant
dépendre, non pas de la nature de l'être à juger,
mais de l'emploi d'un pouvoir hypothétique qui
ne dépend pas de cette nature, et de la résistance même à cette nature, comme si un
homme pouvait résister à ses désirs et à ses
idées avec quelque chose qui ne soit pas aussi
son idée et son désir! On a si bien compris
le mérite et le démérite que les jugements qu'on

porte sont assez souvent l'inverse exactement
du jugement correct. Et l'on a si bien entendu
la responsabilité et la sanction qu'on s'arrange
pour trouver l'irresponsabilité là où la responsabilité est à son maximum, et que la sanction,
au lieu de prévenir et de réparer le mal fait à
la société, l'aggrave et en prépare avec efficacité
la répétition.

§ 11.

Comme il faut s'y attendre, ces déviations
abstraites symbolisent bien des déviations de
fait. Il n'est pas un des « devoirs » recomman-
dés qui ne soit imparfait, et qui ne devienne, à
l'occasion, le contraire du devoir. Il n'est pas
une de nos « vertus » qui ne soit faussée en
quelque manière et continuellement, ou qui
ne devienne, à l'occasion, un véritable vice.
L'amour maternel, le patriotisme, bien des tendances qui sont considérées comme des vertus
absolues en soi, conseillent journellement des
crimes ou des vilenies. Sous la pression des
intérêts égoïstes ou de sentiments très divers
notre morale dévie sans cesse, et n'échappe à
une déviation que pour en subir une autre. Et
simultanément en des groupes différents, ou
successivement, selon la loi de l'association par
contraste, nous voyons s'accuser l'affectation de
la sécheresse ou l'affectation de la sensibilité,
un vague humanitarisme ou un patriotisme

borné, une indulgence aveugle pour les crimi-
nels ou une inintelligente raideur. Et toutes ces
déviations produisent chacune leur morale, acceptée ou non officiellement, mais puissante
dans un ensemble social. « L'amour maternel
est sacré jusque dans ses égarements », « tout
est permis en amour », « le salut de la patrie
est la loi suprême », « on ne doit pas révéler
les fautes d'un collègue », voilà quelques échan-
tillons des maximes, d'importance inégale, qui
sont acceptées dans certains groupes sociaux,
et se rattachent à autant de morales, plus ou
moins bien ordonnées et qui constituent autant
de déviations.

Le « devoir professionnel » n'est qu'un cas
entre mille de ces morales partielles, qui cherchent à devenir prépondérantes et autonomes
et qui deviennent ainsi le point de départ des
déviations. Brouardel, dans son livre, *le Secret
médical*, faisait passer avant tout le devoir de
silence spécial au médecin, tout en invoquant —
lui aussi — certains moyens de tourner la loi
pour la respecter. Mais outre le devoir du médecin ou du notaire, il y a le devoir du citoyen,
il y a le devoir de l'amoureux, de l'ambitieux.
Toute tendance impose comme devoir à celui
qu'elle dirige, s'il réfléchit un peu, les moyens
de la satisfaire. La fin acceptée, les moyens
prennent un caractère d'obligation. Du devoir en
général, en passant par le devoir professionnel,
on arrive au devoir passionnel, et enfin à l'émiet-
tement complet du devoir entre les tendances

qui, toutes, tendent à dominer. Comme elles ne s'entendent pas, il est nécessaire que les déviations abondent.

De ce singulier mélange de tendances impérieuses qui varient avec chacun de nous et du besoin de s'entendre et de sympathiser sont encore sorties de nouvelles déviations et de nouvelles incohérences. Comme on ne s'entendait pas sur les choses, on s'est entendu un peu mieux sur les mots. Et les générations successives, comme les individus contemporains ont été reliés par quelques sentiments changeants et très vagues, désignés par le même mot, et d'autant plus honorés que chacun y pouvait voir ce qui lui plaisait. Il n'y a peut-être pas de plus net exemple d'incohérence prétentieuse que nos idées sur l'honneur et la dignité. On s'entend pour leur accorder une valeur éminente, mais d'ailleurs chacun les comprend à sa guise et selon le désir ou le besoin qu'il en a. La « dignité », pour les uns c'est de ne rien faire, pour d'autres c'est de travailler, elle commande, dans les mêmes conditions, de refuser un duel ou de l'accepter. Il y a trois siècles la « dignité » de l'écrivain ne l'empêchait point de flatter, en des dédicaces, un homme puissant et riche ; aujourd'hui cela serait mal vu, mais il peut flatter les goûts de vingt mille sots. Mentir est un déshonneur pour quelques-uns, pour d'autres le déshonneur serait de se laisser accuser, même justement, de mensonge et de ne pas, en pareil cas, mentir une fois de plus. La dignité commande également au poète de se retirer dans sa « tour d'ivoire » si cela lui plaît, ou, s'il le préfère, de ne pas se désintéresser des affaires de l'humanité. En vérité, on peut mettre son point d'honneur où l'on veut.

C'est que, dans la morale de l'honneur, l'individualisme a sournoisement pris sa revanche sur l'instinct social. Tout en acceptant de celui-ci les formes de la morale, le devoir et l'obligation, il s'est arrangé pour les remplir à sa fantaisie. Il s'adjuge le droit de les apprécier et le refuse aux autres : « chacun est juge de sa dignité. » Il détourne à son profit la force que l'âme sociale a donnée aux idées d'obligation, de conscience et de vertu. De plus, ayant spécifié son devoir et s'obligeant à le remplir, il se sent par là même plus libre sur tout le reste. Tous les actes qui ne contrarient pas l'idée de dignité qu'il a choisie à son gré, il pourra les accomplir en toute sécurité de conscience.

Seulement l'âme sociale réagit de son côté. Si l'individu essaye de se façonner un honneur à son goût, et s'il y arrive, il doit s'attendre à des luttes. L'âme sociale tend constamment à nous inculquer une façon de comprendre notre dignité qui diffère de la nôtre et qui varie avec les temps et les milieux, selon les autres qui sont en nous. Il résulte de tout cela des compromis bizarres, des amalgames étranges et incohérents et des déviations nouvelles, depuis le point d'honneur qui force à régler par les armes un différend littéraire ou politique, jusqu'à celui qui provoque le suicide de Vatel, jusqu'à celui qui pousse des gens naïfs à avaler, pendant que sonnent les douze coups de midi, un nombre indigeste d'œufs durs.

§ 12.

Mais la déviation est souvent peu apparente, et sait fort bien se faire prendre pour le contraire de ce qu'elle est.

Sous l'influence de conditions passagères, on voit éclore une morale générale par ses prétentions et spéciale par sa forme, une morale de l'amour, une morale de la pitié, une morale du devoir, etc. Ou bien ces divers noms ne désignent qu'une même chose, ou bien ils indiquent des déviations, l'usurpation d'un élément d'importance variable, qui prend la première place et veut se subordonner tous les autres. Et l'on ne préconise guère, en effet, la morale de la pitié ou de l'amour sans rabaisser quelque peu la justice, réduite à passer pour dure et fâcheusement inflexible. De même, pour la morale de la justice, l'amour et la pitié sont des guides peu sûrs, capables de dangereuses faiblesses. Je ne rechercherai pas ici comment doivent se coordonner et se subordonner les éléments de la bonne conduite, mais le fait qu'on entend la hiérarchie de tant de façons diverses laisse supposer que la plupart d'entre elles au moins sont des erreurs et des déviations.

Il faut aller plus loin. Non seulement tout principe de morale trop concret d'où l'on veut faire dépendre toute une conception de la vie est une déviation et par là une immoralité, mais on en peut dire autant de toute vertu préconisée pour elle-même, distinguée des autres qualités de l'esprit. Il y a de l'immoralité dans la vertu.

Ce qu'on entend par vertu c'est essentiellement une rupture de l'équilibre mental. On a dit qu'il fallait être trop bon pour l'être assez. Et l'on a cru peut-être forcer l'expression pour mieux faire entendre l'idée. Mais c'est bien justement ainsi que l'on comprend la vertu. Elle consiste dans un excès.

Sans doute le sens commun a depuis longtemps cru distinguer le courage de la témérité, la bonté de la faiblesse, ou la poltronnerie de la prudence, mais, si l'on y regarde de près, deux remarques s'imposent.

Tout d'abord, la vertu subsiste dans le défaut, comme l'eau d'une source dans le fleuve qui sort d'elle. Le poltron est prudent et le téméraire est courageux, le prodigue altruiste est généreux et l'avare est économe. Même le poltron est plus prudent que le prudent et ainsi de suite.

Par là se révèle la nature vraie de la vertu. Elle est une rupture d'équilibre moins grande que le vice qui lui correspond, mais elle est déjà un excès, une rupture d'équilibre. Pour être « bon » un homme ne doit pas faire seulement son devoir. On n'appellera pas « courageux » celui qui s'expose dans les limites où la raison l'exige, et donner avec modération ne passe point pour un signe de générosité. Il faut faire plus que son devoir pour être « vertueux », et s'écarter un peu de la raison. Mais on n'aime pas à voir que faire *plus* que son devoir, c'est faire *moins* que son devoir, et que dès qu'on sort de la raison, on devient déraisonnable.

N'exagérons rien. La vertu profite d'une circonstance atténuante. C'est que nous ne savons pas toujours très bien ce qui est raisonnable et ce qui ne l'est pas, et que nous ne pouvons pas non plus prévoir exactement les conséquences de nos actes. L'ignorance est souvent aussi l'excuse, ou la condition de la vertu. Dans le doute on peut s'en rapporter à un principe éprouvé déjà, au risque de le suivre hors de son domaine.

Et l'autre remarque à faire, c'est qu'on ne peut s'entendre pour distinguer une vertu du vice correspondant (ni même, pour le dire en passant, du vice opposé). Mais chacun en juge selon ses idées et ses goûts. L'entêtement c'est la fermeté qui nous déplaît, mais la lâcheté qui nous rend service, nous l'appelons prudence. Ce qui est courage pour les combattants d'un parti devient pour le parti opposé une insolente provocation. Chacun est, en effet, assez logique en cela. Je sais bien que quelques hommes arrivent, par une largeur d'esprit qui ne va pas toujours sans coquetterie, à louer la vertu de

leurs adversaires. Mais ils ne peuvent jamais
distinguer le courage de la témérité, ou la générosité de la prodigalité que par les résultats de
l'acte, qu'il n'était pas toujours possible de prévoir, ou bien par des idées générales, forcément
prématurées et forcément fausses en bien des
points sur les conditions favorables ou défavo-
rables à la vie sociale ou à la vie de tel ou tel
groupe.

§ 13.

Une condition communément donnée à la
vertu, c'est la lutte. Il est entendu que le mérite
se mesure à la difficulté et à la tentation. Celui
qui n'est pas tenté ou qui agit aisément a du
bonheur, il n'est pas vertueux.

C'est là une des déviations les plus singulières
de la morale, je dirais volontiers une des plus
amusantes. Sans doute, elle a, comme tout, ses
causes, et de vagues analogies l'ont produite.
La force de la probité, ou de la charité est
éprouvée par leurs luttes avec les désirs qui
s'opposent à elles. Mais il ne faudrait pas confondre ce qui montre une vertu avec ce qui la
produit, pas plus qu'il ne faut croire qu'il n'y aurait point de chaleur sans thermomètre. D'autre
part, il y a quelque avantage social — avec bien
des inconvénients — à laisser croire aux gens
qu'un effort est un signe de supériorité morale.
Ainsi l'on encourage au travail un élève peu in-

telligent mais ambitieux et persévérant. Il est heureux de se trouver plus de « mérite » que celui qui arrive sans peine au premier rang. Et sans doute il a un « mérite » de persévérance et de volonté, seulement c'est un autre mérite que le mérite intellectuel, et d'ailleurs on ne sait pas si l'autre élève n'en est pas également doué, tant qu'une épreuve décisive ne s'est point offerte.

La grande excuse de l'idée que l'effort produit le mérite est dans la misérable condition de l'humanité. L'homme qui n'est fait ni pour vivre isolé, ni pour vivre de la vie sociale qui s'est imposée à lui, l'homme souffre constamment et doit sans cesse s'efforcer et peiner. Alors, tout naturellement, il a divinisé l'effort et la souffrance. Son Dieu parfait lui-même, a dû, malgré toutes les contradictions, souffrir, s'efforcer et mourir.

Il est bien évident d'ailleurs que ce qui importe à la vie sociale, c'est que chacun remplisse sa fonction de son mieux, avec la plus grande économie de moyens, le moins d'effort possible et le moins de tentation. L'état mental de l'homme dans une société passablement organisée, ce n'est pas le trouble et la lutte, c'est l'activité réglée, sage et naturellement adaptée à son but, sans effort et sans combat. Un industriel a besoin que son caissier tienne exactement ses livres, non qu'il lutte avec énergie et succès contre la tentation de prendre l'argent de la caisse pour satisfaire ses désirs d'art ou de luxe.

Il en est de même dans tous les cas. Faut-il démontrer qu'il n'est pas nécessaire d'avoir envie de fuir pour être un bon soldat, ni, pour être une femme fidèle, d'éprouver un vif désir de tromper son mari ?

La conception courante de la vertu est une vraie déviation, un signe de notre infirmité et de notre impuissance. Elle tend bien un peu à y remédier, mais peut-être surtout les aggrave-t-elle et les prolonge-t-elle en les encourageant. Dans une humanité, je ne dis point parfaite, mais meilleure que la nôtre, elle se transformerait. Une conception plus saine prendrait sa place, qui existe déjà d'ailleurs et quoique méconnue, influence les âmes et fait agir les volontés. C'est un spectacle qui n'est pas rare, mais qui reste toujours curieux, que de voir, en ce cas, une personne montrer quelque remords d'avoir sainement et naturellement agi, à l'encontre des idées morales qu'elle révère.

§ 14.

La modération est-elle une vertu ? C'est au moins une qualité sans laquelle les vertus ne sont que des défauts ou des vices, mais c'est aussi celle qui excite le moins d'admiration, ce qui est injuste et compréhensible, et peut-être aussi le moins d'estime.

Pourtant, la santé de la société, comme celle du corps et celle de l'âme, la santé relative que nous pouvons, avec quelque témérité, espérer, ne peut naître que d'un équilibre de forces opposées, d'un système de tendances divergentes qui abandonnent, pour s'unir, quelque chose de leur nature et se méconnaissent elles-mêmes. Dès lors, si la morale a un sens et un but, c'est la recherche de l'équilibre qui s'impose à elle. Et toute vertu remarquable n'est qu'une rupture de cet équilibre.

Sans doute, certains excès ont de bons résultats. Une vertu exagérée est un exemple à suivre de loin, d'autant plus efficace, peut-être, qu'il aura été excessif. Saint François, plus raisonnable, eût été moins suivi. Il faut tirer l'humanité avec violence pour la faire avancer un peu. Je sais bien tout ce que l'on peut dire ainsi, et cela a une grande valeur, mais une valeur relative et temporaire.

Le beau parfait, a-t-on dit, est comme l'eau très pure qui n'a point de saveur. Cette idée est manifestement fausse pour le beau que nous pouvons connaître et apprécier. Peut-être se justifierait-elle, en quelque sorte, à la limite, si l'on remontait dans l'abstraction jusqu'à la région métaphysique où le vrai, le beau et le bien s'unissent dans le même néant. Mais surtout elle s'appliquerait bien mieux à la vertu. L'homme réellement moral ne serait pas précisément bon, car la bonté ne l'emporterait point sur ses autres qualités, il serait juste et, au besoin, rigoureux; il ne serait point généreux, car il donnerait à chacun seulement ce qui lui revient ; le courage ne se ferait point remarquer en lui, car il ne s'exposerait que par nécessité. En un sens, toutes les qualifications élogieuses lui conviendraient, mais chacune serait amoindrie par les autres, et, en somme, aucune ne lui conviendrait, en ce sens que toute vertu qu'on croirait lui trouver impliquerait un vice qu'il n'aurait pas. N'ayant pas les défauts de ses qualités, il ne serait pas tout à fait exact de dire qu'il a ces qualités mêmes. Nos vertus ne lui conviendraient guère mieux qu'à l'être parfait auquel un anthropomorphisme naïf peut seul les attribuer, et dont il ne serait, en somme, qu'une sorte de réduction transportée dans le relatif.

Un fait éclaire vivement la singulière conception que l'on se fait de la vertu et en fait ressortir l'immoralité foncière : c'est l'aversion si répandue pour l'état de perfection. C'est un lieu commun que la perfection est ennuyeuse, que la perfection est insupportable. Et je ne sais point d'ailleurs où l'ont connue les gens qui en médisent, ni comment ils ont pu arriver si vite à s'en dégoûter ! Mais je retiens que l'équilibre mental est une chose qui répugne assez à l'esprit de l'homme, et dont il ne se fait guère d'ailleurs que des images grotesques et plates qui, si elles ne témoignent pas contre la perfection, ne témoignent pas non plus en faveur de l'intelligence humaine. Au reste, la santé physique n'excite pas non plus l'intérêt. Le morbide, le malsain, le faisandé, le déliquescent ont leurs charmes pour les âmes nuancées.

Il n'y a pas bien longtemps, des auteurs de talents divers et d'une estimable conscience littéraire, trouvèrent, à nous les vanter, la réputation ou la célébrité. Et tout naturellement quelques-uns d'entre eux sont devenus, depuis lors, des fervents de la morale traditionnelle.

Il y a là, semble-t-il, un vice essentiel à l'homme, qui provient de ses contradictions intimes et jamais résolues, et dont il ne se défera jamais tant qu'il restera homme. S'il y a dans l'amour du mal[1], une sorte de recherche inconsciente ou pervertie du bien, réciproquement, dans l'amour du bien comme on le comprend, il s'insinue forcément une pointe d'amour du mal, de l'excès, de la déviation, sans lesquels la « vertu » ne pourrait exister.

Pour mieux faire ressortir l'attitude de l'esprit, prenons des points de comparaison dans l'organisme et dans la vie politique. L'équivalent de la « vertu » dans l'organisme, ce serait l'exaltation excessive de certaines fonctions aux dépens de quelques autres, de la respiration par exemple, aux dépens de la digestion ou du système musculaire aux dépens du système circulatoire. Cela donnerait des cas pathologiques intéressants. On en a quelques aperçus en considérant les gens développés partiellement, et en somme déformés par l'abus de certains sports, comme la bicyclette ou quelques formes de

---

1. Je l'ai étudié ailleurs, dans le *Nouveau Mysticisme* (Paris, F. Alcan).

gymnastique. La vraie moralité exige qu'un organe remplisse sa fonction convenablement et sans excès.

De même si une société développe trop l'un des organes dont l'harmonie la fait vivre, si elle devient trop belliqueuse, trop exclusivement industrielle ou artiste, elle manifestera une sorte de « vertu » dont elle pâtira. Elle aura pu avoir sa floraison brillante, sa luxuriante végétation cachant le sol et le fumier où se nourrissent ses racines. Elle aura illuminé, ravagé ou charmé le monde, elle servira peut-être longtemps de guide, ou d'épouvantail, mais elle mourra en dehors de la voie qui mène à de meilleures destinées. Abstraitement appréciée, elle gardera une très haute valeur esthétique, mais pour le moment c'est de morale et non d'esthétique que nous nous occupons. De ce point de vue, la « vertu » n'est qu'une déviation. Les grands pics neigeux dominent de haut les collines et les plaines, ils sont splendides dans leur blancheur immaculée, mais ce n'est pas sur leurs cimes que l'homme fondera la cité. Il lui faut les plaines grasses, les vallons paisibles, et surtout un air moins pur et moins subtil, sans lequel il ne peut respirer. Le reste est pour le rêve et pour l'art. Mais comme des glaciers sortent des ruisseaux qui désaltèreront l'homme, ou s'emploieront à ses industries, il descend aussi des cimes morales, un courant où l'humanité s'abreuve et trouve de la force pour vivre et pour agir.

§ 15.

Rien ne montre mieux notre barbarie réelle que les crises où le mécanisme social, si fragile, étant faussé et ralenti, on en voit les éléments s'agiter convulsivement sans arriver à se rejoindre. Et je ne parle pas ici des cas, instructifs autrement, dans lesquels les instincts sociaux ont cédé à la poussée des instincts égoïstes.

Il y a peu d'années, une crise dangereuse et extrêmement intéressante a mis aux prises — pour ne rien dire des intérêts individuels, des convoitises ou des rancunes — l'esprit de justice et le respect de la chose jugée et de l'autorité en général, l'amour de la patrie et l'aspiration vers une humanité élargie et meilleure, le zèle pour la vérité quelle qu'elle fût, et le sens des conventions nécessaires, l'amour des grandes abstractions idéalisées et le souci de réalités qui imposent à la vie des concessions parfois dures. Je ne relève ici que les sentiments louables ou nobles, j'entends ceux qui sont utiles ou nécessaires à la vie commune. Chacun des hommes qui les incarnaient pouvait se réclamer de sa conscience et de la morale impérative. Et ce fut un étrange et tragique conflit que peu de personnes ont pu juger sainement dans sa complexité, tant les « vertus » s'exaltaient et faussaient les esprits. Il eût été abs-

traitement possible de les accorder. Mais en
fait, cela fut impossible, et elles apparaissaient
d'autant plus vivaces et plus fortes, et même
elles existaient d'autant plus. Le respect de
l'autorité ne voulait point consentir à réparer
une erreur acceptée par elle. Mais l'esprit de
vérité ne voulait trouver aucune excuse aux
méprises ou aux exagérations d'un patriotisme
parfois bien intentionné. Et nous pouvons nous
instruire en cette affaire sur la formation de
l'esprit social, sa complexité nécessaire, les
divergences essentielles, les luttes possibles de
ses principaux éléments, les troubles dont son
évolution s'accompagne, les crises qui le menacent sans cesse, le caractère excessif et dangereux des « vertus ». On y sent encore les
tentatives de l'esprit social pour se constituer
malgré tout. Il est maladroit, aveugle, gauche,
mais il est appliqué, il est tenace, il est patient,
et il veut vivre. Cependant il a souvent échoué,
et nous ne pouvons prévoir sa destinée.

§ 16.

C'est donc une déviation morale qui a créé
les vertus en les isolant des conditions spéciales
qui les rendent vraiment bonnes. Une déviation
semblable, plus abstraite, a organisé la morale
en réalité indépendante et absolue, et l'a placée
au-dessus de la fin vers laquelle elle tend et qui
est sa justification.

La morale étant l'art de bien vivre, il paraît
trop évident qu'elle n'a d'autre valeur morale —
je ne dis rien ici de sa valeur esthétique — que
celle que lui donne la vie même. Et la morale
qui correspond à tel ou tel état de civilisation
n'a d'autre valeur morale que celle de ce genre de
civilisation. Les meilleures recettes qu'on peut
imaginer pour construire une voiture, que vau-
draient-elles, industriellement, si l'on ne faisait
pas de voitures? Faut-il dire que l'on devrait
faire des voitures afin d'avoir l'occasion de les
appliquer? Mais on a bien soutenu que ce monde
n'a d'autre raison d'être que de devenir le théâtre
de la moralité.

Et cela, d'ailleurs, comme beaucoup de principes philosophiques, est un insoutenable para-
doxe, à moins que ce ne soit un truisme. Si l'on
veut dire que la vie ne se justifie qu'à la condition d'être bonne, et que mieux vaudrait pas de
monde qu'un monde de souffrance infinie et de
désordre éternel, en vérité l'on a raison, et peut-
être un peu trop raison. Mais si l'on veut donner
à la loi une valeur extérieure et supérieure à la
vie qui la réaliserait, alors on énonce une proposi-
tion inacceptable, et, je pense, incompréhensible.

C'est bien là qu'on en est venu. La morale s'est
détachée de la vie, elle a été considérée comme
une chose à part, existant en soi et pour soi, à
qui personne n'a de comptes à demander, et
avec qui on ne discute pas. Elle s'est proclamée
indépendante et ne veut se soumettre à aucune
condition.

Cette conception de la morale s'est répandue sans s'imposer absolument dans la pratique, sans quoi l'humanité aurait vraisemblablement disparu et sans acquérir une cohérence parfaite. Elle garde toute sa rigueur chez quelques philosophes, ou plutôt dans quelques pages de certains philosophes. Et je citerai d'autant plus volontiers Victor Cousin que le livre auquel je me réfère n'est pas une tentative originale et hardie, mais un exposé destiné à une sorte de vulgarisation philosophique.

« Si, dit-il, je demande à un honnête homme qui, malgré les suggestions de la misère, a respecté le dépôt qui lui avait été confié, pourquoi il a fait cela; il me répondra : Parce que c'était mon devoir. Si j'insiste, si je lui demande pourquoi c'était son devoir, il saura très bien me répondre : Parce que c'était juste, parce que c'était bien. Arrivé là, toutes les réponses s'arrêtent; mais les questions s'arrêtent aussi. Dès qu'il est reconnu que le devoir qui nous est imposé vient de la justice, l'esprit est satisfait; car il est parvenu à un principe au delà duquel il n'y a plus rien à chercher, la justice étant son principe à elle-même. Les vérités premières portent avec elles leur raison d'être. Or la justice, la distinction du bien et du mal dans les relations des hommes entre eux est la vérité première de la morale[1]. »

Voilà la doctrine rigoureusement présentée.

---

1. V. Cousin, *Du vrai, du beau et du bien*, 20ᵉ édition, p. 351.

Le bien est le bien parce qu'il est le bien, il n'y a pas à chercher plus loin. Notre conscience nous le fait connaître sûrement et avec évidence. Le bonheur, les joies, la vie peuvent être obtenus par surcroît, mais ils sont secondaires. Le bien n'est pas le bien parce qu'il rend la vie possible; il est le bien parce qu'il est le bien.

Il n'est pas le bien parce que telle est la volonté de Dieu. Dieu ordonne le bien, il ne le crée pas. Encore moins trouverions-nous les raisons du bien dans les conditions de l'existence et du non-être. La morale est tellement en dehors de l'homme qu'accomplir un acte par affection pour autrui ou par patriotisme, ce n'est nullement là, pour louable que soit l'acte, agir en être moral. Et la morale reste si bien en dehors de la vie que jamais peut-être un seul acte n'a été accompli conformément à la loi même du devoir. Cette conception du devoir est certainement un très beau cas de déviation morale.

Dans la réalité pratique, la doctrine apparaît bien, çà et là. Mais souvent à la question que Cousin ne veut pas qu'on pose : Pourquoi est-ce bien, pourquoi est-ce juste ? on répondrait en invoquant les conditions d'existence des hommes dans une société qui veut prospérer, l'utilité générale, la compassion, la sympathie. Et l'on aurait des chances, si l'on y pensait, de voir d'ailleurs que les idées qu'on se fait sur le bien sont incertaines et vagues. Au moins essayerait-on de s'en faire. Se borner à répondre : c'est

bien parce que c'est bien, c'est ne pas apercevoir les conditions du bien et se refuser à en
admettre; c'est parfois que l'on est mal rensei-
gné, ou que l'on a la vue courte, mais cela tient
parfois aussi à ce que les idées que l'on a reçues
et acceptées sur le bien sont tout à fait injusti-
fiables. Il convient de se méfier des « vérités »
qui « portent avec elles leur raison d'être ». Et,
si chacun ne peut à chaque instant les remettre
en question, c'est sans doute une des raisons
qui excusent l'existence des philosophes, que
le soin qu'ils prennent de les critiquer.

§ 17.

Certaines imperfections, certaines déviations
sont forcément inhérentes à la morale par cela
seul qu'elle existe.

Tout d'abord, elle est à peu près forcément
en retard sur les besoins du moment. La morale reçue, admise à chaque époque, celle en
dehors de laquelle les autres conceptions aven-
tureuses de la conduite passent pour des immoralités, cette morale-là supposerait une obser-
vation, un classement des tendances, de leurs
effets, de leur valeur qui ne peuvent être achevés
qu'au moment où ces tendances vont être rem-
placées, partiellement, par d'autres. La société
se transforme sans cesse et d'une façon que nous
ne pouvons suffisamment prévoir, parce que ses
innovations sont complexes et sans régularité.

Nous ne pouvons guère appliquer d'avance nos théories à ces formes sociales nouvelles, inusitées et inconnues. Nos conceptions morales construites sur le passé et sur ce qui, dans l'avenir, ressemblera au passé, sont obligées de se transformer. Mais nous ne sommes point capables de les modifier avec la souplesse et la rapidité voulues; l'inconnu surprend toujours. De plus, l'âme sociale nous a pénétrés de respect pour la morale constituée, et cela aggrave encore notre maladresse et notre lourdeur naturelles. Elle s'est acharnée à rendre rigides des conceptions qui devaient rester vivantes et souples. C'est pour toute morale un vice nécessaire et une sorte d'essentielle immoralité. Une morale nouvelle ne peut s'organiser que lentement et lorsqu'elle apparaît sacrée à son tour, c'est alors qu'elle commence à ne plus répondre à ce qu'on doit attendre d'elle.

Ainsi nous sommes forcément pris entre une morale traditionnelle, organisée, officielle qui commence à devenir une gêne sociale et des morales encore inéprouvées, incohérentes, ébauches fallacieuses où s'affirme peut-être déjà le germe de la future morale officielle qui grandira et deviendra caduque à son tour. En dehors des conditions générales nécessaires à la vie de l'humanité et que nous ne connaissons nullement, tout se transforme, et les déviations sont un état nécessaire et permanent de nos morales et de nos sociétés.

La transformation, chez nous, de la famille •

et du mariage peut servir d'exemple pour vérifier ce qui précède. On y retrouve une lente
transformation des mœurs et des lois, des sou-
bresauts et des reculs, des déviations nombreuses, l'ébauche encore informe d'une morale
nouvelle qui prend une répugnante livrée d'immoralité aux yeux de ceux pour qui la morale
qui s'en va reste sacrée. Et l'on ne peut dire
encore où aboutira cette transformation qui part
de la famille de la cité antique et semble actuellement se diriger vers l'amour libre et la sociali-
sation de l'enfant.

§ 18.

Mais si l'activité humaine ne déviait pas
constamment, elle n'aurait que faire de préceptes et de théories. Nous ne songerions pas
plus à la loi morale que la pierre ne songe à la
pesanteur. La loi morale est une loi naturelle
en voie de formation, voilà bien longtemps que
je l'ai dit, c'est une loi qui tend à être. Et par
là, en tant que théorie, doctrine, ensemble de
préceptes, la morale est un signe de déviation,
de trouble, de désordre, c'est-à-dire d'immoralité.

Elle tend en même temps à faire disparaître
ce désordre. Par là, comme toutes choses,
elle tend à se rendre inutile, à se supprimer
elle-même. C'est un cas de la loi d'évanescence
que j'ai brièvement exposée ailleurs [1] et qui in-

1. *Le mensonge du monde,* Revue philosophique, 1906.

dique l'aboutissant normal de toute évolution qui parvient à son terme et ne se perd pas dans les déviations.

La morale arrivera-t-elle à son but? On n'en sait rien, et l'on peut constater qu'elle marche souvent dans la direction opposée. J'ai indiqué déjà ce qu'elle devrait être, et le sens que devraient prendre les notions dont elle se compose. Elle devrait être une théorie des conditions de la vie sociale en général et de la vie de chaque société en particulier, selon sa nature et ses ressources, préciser la manière dont chaque société peut réaliser pour le mieux le type qu'elle présente, déterminer aussi une hiérarchie des types, selon leur aptitude à former des combinaisons supérieures de sociétés, et à créer une sorte de réalisation de l'humanité, ou même, dans nos rêves, d'une association supérieure à l'humanité. Elle devrait aussi, une fois les types individuels classés et hiérarchisés, voir comment la société peut profiter de chacun d'eux. On déduirait de là les devoirs professionnels et d'autres devoirs spéciaux. Il faudrait même que chaque individu se fît, d'après des principes généraux, sa propre morale. Ce fut une singulière déviation que de s'indigner, jadis, contre la théorie des deux morales. Il faudrait une morale différente pour chacun de nous, comme il faut un vêtement différent, puisque personne n'a ni les mêmes aptitudes, ni les mêmes fonctions que son voisin. Mais tout ce que la société peut faire, c'est d'établir grossièrement quelques types de conduite, comme un magasin de confection établit quelques types de vêtement, qui flottent ensuite sur le dos des clients ou dont les acheteurs font craquer les coutures.

Cette morale théorique est impossible à constituer d'une façon passable. Si j'ai indiqué quelques-uns des mensonges et des illusions de la morale actuelle, je ne puis laisser croire qu'aucune forme d'idéal social en puisse être exempte. Si la morale traditionnelle est un rêve enfantin, les autres morales que nous pouvons voir créer sont des rêves aussi, un peu plus rapprochés peut-être du possible, mais à bien des égards irréalisables — heureusement irréalisables car ils démoliraient à coup sûr ce qu'ils prétendent édifier. L'humanité a toujours vécu de rêves, elle vivra de rêves, vraisemblablement tant qu'elle ne sera pas arrêtée, comme l'animal, dans quelque forme imparfaite qui ne se transformera presque plus. Seulement elle change ses rêves après en avoir tiré quelque plaisir d'imagination et sans doute aussi quelque profit pratique et réel.

Dès que nous sortions du cercle étroit de l'expérience presque immédiate dans le temps et dans l'espace, nous ne pouvons guère savoir ce que c'est que le « bien ». Et il ne faut point penser que, comme on l'a dit, il importe peu que nous ayons telle ou telle idée du bien pourvu que nous en ayons une. Il ne saurait être indifférent pour la société que son idée du bien la conduise à la ruine. Isolés dans notre petit moi, dans notre petit monde, dans un moment infime de la durée, nous restons ignorants et impuissants. Nous tâtonnons dans une forêt obscure, perdus dans le brouillard, essayant des chemins sans savoir où ils nous conduisent. Mais nous nous enchantons des pays merveilleux que nous rêvons derrière l'opacité des ténèbres. C'est un plaisir d'artistes qui se prennent pour des ingénieurs. Quelle grande conception morale et sociale s'est vraiment réalisée depuis que l'homme rêve? Serait-ce par hasard, puisque le christianisme a triomphé, l'idéal du Sermon sur la montagne? Mais si aucun rêve ne se soumet le réel, il n'en est point qui n'y laisse sa trace, obscure ou brillante. Le présent est une alluvion des rêves du passé. Ils se sont écoulés et ils ont disparu, mais quand leur fleuve a débordé sur la vie, il l'a fertilisée et enrichie parfois, parfois aussi ravinée ou souillée. Rêvons donc et tâchons de bien choisir nos rêves. Cela est très difficile.

§ 19.

La tâche dont on a chargé la morale est contradictoire et incompréhensible. On lui demande, en somme, de faire que des êtres différents ne soient plus qu'un. La conception de la morale rationaliste est plus illusoire que celle de la Trinité. Ce n'est pas trois êtres, c'est une infi-

nité d'êtres dont elle veut ne faire qu'un être,
des êtres qui, par cela seul qu'ils existent, sont
ennemis et se combattent dans notre société
entière, et jusque dans l'intimité du moi de
chacun de nous. L'homme est une contradiction vivante par la lutte de ses éléments, la
société est plus contradictoire encore. Vouloir
ramener à l'unité des existences opposées, c'est
le mensonge de toute morale qui ne prend pas
le néant comme le terme logique de l'évolution.
C'est dans le néant seulement que les existences
peuvent se confondre.

Sans doute on peut rêver qu'au moins l'humanité atteindra quelque jour un état supérieur
à celui d'aujourd'hui, une harmonie relative,
semblable à celle de notre organisme. Cela suffirait déjà pour que la morale ait abouti à se
supprimer elle-même, ayant atteint son but, à
moins qu'il n'en subsistât quelques vestiges,
quelques ruines, survivances significatives d'un
reste d'imperfections. Il ne faut guère y compter.
Alors même que nous saurions sur quel point
nous diriger, si la morale théorique était faite, il
faudrait l'appliquer.

C'est un point que les sociologistes mo-
dernes paraissent tenir pour négligeable. Ils
admettent sans doute que la pratique et la
théorie vont du même pas. L'expérience ne permet pas tant d'optimisme. Les conflits de l'individu et de la société sont réels. Il n'est pas
du tout sûr que l'individu se laisse envahir
davantage par l'âme sociale, entrée en lui, mais

encore étrangère à lui. Même la critique des anciennes croyances morales le prive d'une partie de ses forces, en supprimant quelques sentiments efficaces, et en laissant mieux éclater les conflits de l'âme individuelle et de l'âme sociale. La sociologie tend bien aussi à masquer ces conflits, mais elle marche ainsi contre ses principes de science, chercheuse de vérité, et ne pourra peut-être pas créer les mêmes illusions que la métaphysique religieuse ou rationaliste. Il semble que si un être doit arriver quelque part à un état social très supérieur — peut-être cela s'est-il produit, mais nous n'en savons rien — ce ne sera pas l'homme et ce ne sera pas sur cette terre. L'homme est trop individualisé pour entrer dans un véritable organisme social. Il n'était pas préparé à la vie collective par la suite des siècles où l'hérédité et les conditions de leur vie ont façonné ses ancêtres. Actuellement il a pris l'apparence d'un être avorté, tiraillé entre des tendances opposées qu'il ne peut accorder, égoïste et social à la fois, qui n'arrive en fin de compte ni à être vraiment lui-même, ni à être suffisamment les autres. Peut-être parviendra-t-il à une sorte d'équilibre, de compromis pratique et boiteux entre l'individualisme et le socialisme (au sens propre). Il semble bien qu'on puisse distinguer une tendance confuse et assez maladroite à briser peu à peu les anciens groupes sociaux pour en constituer de plus systématisés, comme une substitution irrégulièrement progressive d'une association systématique à des associations par contiguïté et ressemblance. Mais tout cela est encore assez incohérent et trouble. Il est douteux que l'humanité arrive à un état très élevé.

A plus forte raison semble-t-elle incapable de conduire le monde à l'harmonie absolue, à ce terme de l'existence où l'existence, ayant atteint son but à son tour, se supprimerait aussi elle-même. Vraisemblablement elle ne rachètera pas le monde de l'existence par la « spiritualisation » graduelle de l'univers que des penseurs optimistes entrevoient, et où elle ne pouvait arriver, d'ailleurs, qu'en spiritualisant d'abord elle-même, c'est-à-dire en se détruisant.

CHAPITRE IV

L'IRONIE COMME ATTITUDE MORALE

I

§ 1.

Notre conception du monde et de la société nous dictent notre morale. Un Dieu bon, un Dieu méchant, une société guerrière, une société industrielle réclament de nous des gestes différents. Quelle est l'attitude qui convient à l'homme tel que je l'ai présenté, en face du monde tel que je le comprends ?

Ce monde est un chaos de systèmes, une poussière d'éléments plus ou moins importants, plus ou moins compliqués, depuis l'atome et les éléments de l'atome, jusqu'aux systèmes stellaires, jusqu'à la voie lactée, jusqu'à la cellule vivante, jusqu'aux sociétés, car les systèmes ne sont pas

disposés en une série, mais plutôt selon une
sorte de rayonnement irrégulier. Bien qu'il y
ait certains liens de dépendance entre tous ces
éléments du monde, ils restent souvent assez
mal coordonnés entre eux, et gardent une vie
suffisamment indépendante. Ainsi compris, le
monde dans son ensemble ne nous impose à peu
près rien que des nécessités physiques. Autant
le monde régi par un Dieu parfait nous fixe avec
précision des devoirs de respect et d'amour, autant le monde chaotique et dispersé que la réalité nous impose manque d'autorité morale. Si
encore une loi universelle d'évolution bienfai-
sante s'y révélait, nous pourrions sentir le devoir d'y ajuster notre esprit et d'y conformer
notre conduite à supposer que cela ait un sens,
ce qui paraît un peu contradictoire. Mais une
telle loi, dont l'idée a séduit quelques esprits,
et qui remplacerait assez agréablement la divi-
nité bannie, paraît devoir l'accompagner dans
son exil. Elle lui ressemble vraiment trop.

Ce qui reste c'est une certaine tendance de
chaque système considéré en lui-même et de
chaque système de systèmes a conserver son
organisation, à la fortifier, même à l'agrandir
en y employant de nouveaux éléments. Cet
élargissement progressif du système, l'organisation progressive qui y correspond, l'accrois-
sement de l'harmonie des éléments, c'est ce
que nous appelons évolution. Il n'y a pas une
évolution, mais des évolutions distinctes, souvent hostiles. On peut rêver qu'une de ces évo-

lutions arrive à dominer, organiser le monde, le spiritualiser, ce qui est un autre mot pour la même chose, et selon la loi d'évanescence, le conduire au non-être. Comme d'ailleurs nous ignorons tout de cette évolution supposée, nous n'en saurions rien déduire quant à l'attitude de l'homme. Tout au plus en ressort-il un devoir de systématisation croissante qui reste extrêmement abstrait et qui n'est peut-être qu'une tautologie.

Si, au lieu de considérer l'ensemble du monde, nous prenons garde à la société, nous pourrons sans doute déduire de la nature de la société en général et de la société dont il fait partie, en particulier, les devoirs sociaux de l'homme. Ses devoirs généraux restent vagues. La sympathie, l'aide réciproque, la véracité, le respect mutuel paraissent des conditions favorables à l'existence d'une société d'ordre élevé. Mais, en fait, nous ne connaissons que des sociétés où la haine et la lutte, le mensonge, le mépris des autres, la violence même ont encore leur rôle peut-être nécessaire. Et certainement ce sont là des signes de barbarie, mais peut-il y avoir une société qui ne soit en rien barbare, et la barbarie reculée sous une forme ne se retrouvera-t-elle pas sous une autre tant que quelque chose existera ? C'est ce que nous ne pouvons dire. Quant aux devoirs sociaux particuliers, il est aisé d'en comprendre le mécanisme, une société industrielle exigera surtout, avec les réserves indiquées déjà, de la probité, de la régularité, le sens de la justice l'exactitude à remplir les engagements pris ; une civilisation guerrière imposera des devoirs de solidarité militaire et d'exacte subordination, de courage, de fidélité personnelle, etc. Ce qui est essentiel pour l'une devient secondaire ou négligeable chez l'autre. Et nous faisons la même constatation en examinant d'autres types. Tout cela n'offre pas de graves difficultés.

§ 2.

Seulement cela ne suffit pas du tout à résoudre la question. En partant du monde ou de la société, nous en arrivons à ne considérer dans l'individu que sa qualité d'élément cosmique ou d'élément social. Mais il est autre chose. Il est un monde lui-même, un être relativement indépendant, opposé aux autres êtres, ennemi, et par certains côtés de sa nature forcément hostile au monde et à la société. Il s'y trouve un peu comme un prisonnier de guerre, à qui l'on ne saurait imposer les mêmes devoirs qu'aux habitants du pays. Il dépend de ses ennemis, il leur doit quelque chose puisque c'est grâce à eux qu'il peut continuer à vivre, mais il serait excessif d'affirmer qu'il est ou qu'il doit leur être absolument et sans aucune réserve, dévoué en tout et pour tout.

L'antagonisme du « moi » et du « nous » en chacun de nous se traduit nécessairement par le conflit du devoir et du désir. C'est là un fait si général et si frappant que toute une bonne part de nos comédies et de nos romans, et surtout de nos tragédies, repose sur lui. Et sans doute peut-on le ramener à un conflit de devoirs — car nous avons, ou tout au moins nos idées et nos désirs ont des devoirs envers nous.

La société est plus complexe, et d'un ordre plus élevé que l'individu. Par là sa domination sur l'individu peut être considérée comme désirable. Mais si nous entrons dans cette voie, qui aura le courage de la suivre et s'il faut sacrifier l'inférieur, devra-t-on négliger sa famille pour une famille que l'on juge meilleure, et trahir sa patrie au profit d'une autre nation de civilisation supérieure, sera-ce un devoir strict ? Si nous l'admettons, comment saurons-nous jamais discerner en tout cas la vraie supériorité, et pourrons-nous jamais juger de l'importance de l'humanité dans l'univers ? Mais si nous ne l'admettons pas nous n'avons plus de raison théorique de nous sacrifier nous-même, même à un être qui nous dépasse. Bien des raisons, d'autre part, compliquent le problème.

§ 3.

En fait l'homme ne veut généralement pas sacrifier tout à fait ses droits et ses désirs, mais il ne veut pas non plus sacrifier les autres. Les autres sont autour de nous, et ils nous influencent, ils sont en nous aussi et ils y agissent. Par là leurs intérêts sont un peu sauvegardés. Notre paresse et notre faiblesse facilitent leur action et nous subissons les suggestions sociales comme des hypnotisés.

Mais si nous voulions préciser les droits de l'individu et ceux de la société, nous ne saurions y parvenir. D'une part la solution du problème varierait logiquement avec chaque individu, et d'autre part, nous ignorons la portée et les conséquences de nos actes, en sorte que nous agissons sans bien savoir ce que nous faisons.

La question qui se pose ici c'est en somme, convenablement généralisée, a question du luxe. Il semble bien que le « luxe », ce soit essentiellement, non point ce qui coûte cher, mais ce qui est inutile à la société dans les plaisirs que se donne un individu. Il y a un luxe d'art, un luxe de bijoux, un luxe de sentiments même, ou d'intellectualité, c'est un luxe que de se griser de mauvais vin, c'est un luxe aussi de passer son temps en études stériles, ou d'errer dans des musées, de se complaire à des jeux d'amour ou de collectionner des diamants.

Les économistes et les moralistes sont sévères pour le luxe. Du point de vue de la société, ils ne le seront jamais trop. C'est une sorte de vol fait par l'individu, un détournement, à son unique profit, des forces et des ressources sociales.

Mais d'une part il n'est pas aisé de dire où commence le luxe. Si l'on veut y comprendre tout ce qui n'est pas strictement nécessaire à la vie de l'individu (et encore l'existence de certains individus est un luxe véritable) ou mieux tout ce qui ne rend pas à la société le maximum de profit (et tout cela est à quelque degré inutile puisqu'on pourrait trouver mieux), rien n'est plus impossible que de supprimer le luxe. Personne ne pourrait se résoudre à suivre cette route rectiligne et personne ne saurait où la prendre.

Et d'autre part, la répercussion des plaisirs de luxe est indéfinie, impossible à prévoir. C'est un luxe puéril et blâmable que de casser un carreau de vitre, Bastiat l'a joliment montré depuis longtemps mais « ce qu'on ne voit pas » a des ramifications infinies. La rêverie du savant est-elle un luxe inutile? On ne sait pas. Parfois oui, parfois non. Mais si les occasions où elle ne sert à rien sont la condition de son utilité en d'autres circonstances? Comte proscrivait comme inutiles certaines recherches astronomiques. C'est porter bien de la rigueur en des matières incertaines. Les faits paraissent lui donner tort.

Y a-t-il même rien d'absolument vain? Et comment déterminer le degré d'utilité sociale qui doit permettre l'existence à certains sentiments ou à certaines pratiques? Si la fin normale de l'amour est la génération, faut-il condamner comme une sorte de luxe immoral tout amour qui n'aboutit pas à la création d'une famille ? Un amour infécond ne peut-il pas avoir sa beauté, sa grandeur, son utilité sociale même, comme source de dévouement, de respect et de tendresse ? Pétrarque est-il d'un exemple funeste ? Stuart Mill n'eut pas d'enfants, la douce et sévère histoire d'amour qu'il a vécue fut-elle une aberration ? — Mais d'autre part, si l'on admet l'amour en dehors de la génération, où pourra-t-on s'arrêter ? Et une fois le luxe sexuel permis, qui fixera ses limites ? Comment et pourquoi blâmera-t-on absolument les formes de l'amour ou du plaisir les plus réprouvées actuellement sinon peut-être les moins pratiquées ? Et je ne prétends point qu'elles se vaillent toutes, mais pour en établir la valeur relative, et la hiérarchie, il faudra de singulières nuances et une étrange casuistique avec un sens de la relativité et de la variation des valeurs dont notre morale actuelle se garde jalousement. Notre civilisation s'est acharnée à être à la fois aveugle, hypocrite, étroite et incohérente en ce qui concerne la question sexuelle.

Je n'ai pas à étudier ici cette question spéciale, ni les autres. Il me suffit d'indiquer à peu près dans quel esprit il conviendrait de les étudier, pour leur trouver des solutions approximatives et nouvelles selon les temps, les civilisations, les âges et les individus. Ce qui devrait paraître « sacré » en morale, c'est la souplesse infinie et la riche variété des principes et des préceptes.

§ 4.

Mais tout cela reste pour ainsi dire en l'air. Quand nous aurons bien précisé les conditions qui permettent à la société en général ou à telle société de vivre et de prospérer, rien ne sera fait si l'individu n'agit pas dans le sens voulu. Et, en fait, il n'y agit pas toujours.

Ce n'est nullement illogique de sa part. L'individu dans la société est toujours une sorte de prisonnier. Il cherche à s'évader, à retrouver sa patrie, à la refaire au besoin. Cela même n'est pas purement égoïste. Chacun de nous représente une société à laquelle il s'adapterait mieux qu'à la société réelle. Son caractère, ses désirs, ses idées seraient certainement plus ou moins heurtés et froissés partout, mais ils pourraient l'être moins qu'ils ne le sont. C'est cette société idéale que chacun, sans s'en douter souvent, cherche à réaliser, par ses actes, par son exemple, par ses discours. Et chacun y arrive plus ou moins, et quelques-uns transforment sensiblement à leur image le milieu qui les entoure. Mais l'action individuelle est toujours limitée. Elle ne peut se prolonger un peu loin dans le temps et dans l'espace qu'en se défigurant, en s'altérant au contact de tous les êtres différents qu'elle traverse.

On peut affirmer que si l'homme a des devoirs envers la société qui le tient prisonnier, il est obligé aussi envers lui-même, et surtout peut-

être envers la société idéale qu'il représente.
Celle-ci peut-être d'ailleurs inférieure ou supérieure à la société réelle.

§ 5.

Plaçons-nous maintenant au point de vue de
l'individu tel que nous l'avons vu. Il peut croire
à la bonté de l'univers puisqu'il vit et que sa
race a déjà longtemps duré. Il peut croire à son
hostilité puisqu'il est sûr de souffrir et de mourir. Il est sollicité par des forces discordantes
qui sont au plus profond de son être. Il est une
même chair, une même âme avec les autres
hommes. Toute sa race, toute l'humanité se reflète en lui, et il se reflète dans les autres. Il est
porté à s'abandonner à ces influences complexes
qui le sollicitent de partout et qui sont la société concentrée et résumée dans son âme.

Mais en même temps, il est lui-même. Tout
en lui appartient à la société excepté son individualité même, synthèse unique, forme irréductible où se moulent tous ses sentiments et
toutes ses idées, qui fait qu'ils sont *ses* idées et
ses sentiments et n'appartiennent à nul autre
qu'à lui. En reflétant la société, il la transforme
et chaque individu, miroir à facettes multiples,
à courbures spéciales, la transforme à sa façon.
Les autres, en dehors de lui, il ne les connaît
qu'à travers lui-même, à travers ses perceptions
. et ses idées. Ils sont devant lui comme de va-

gues fantômes devant un être en chair et en os. Lui seul existe réellement pour lui. Et il est ainsi porté à n'agir que pour lui.

Il sera donc fatalement incohérent et divers dans sa conduite. Même sans le vouloir il agira pour les autres, selon les suggestions qui lui sont imposées. Même sans le savoir il agira pour lui-même, car il ne peut agir que selon sa propre nature. Et comme les intérêts des autres diffèrent toujours du sien, il ne pourra ni par la théorie ni dans la pratique aboutir à résoudre parfaitement le problème de la vie.

Quelle attitude convient à un pareil être incohérent et logique, puissant et faible, tiraillé entre des forces si opposées? Sans doute il doit souhaiter et tâcher de réaliser le plus grand accord possible de ces forces. Et c'est un côté de la question que j'ai souvent abordé ailleurs.

Mais, quoi qu'il fasse, l'antagonisme reste irréductible. Et dans la société humaine, à laquelle s'applique notre morale, il apparaît très fort et très fréquent. Dès lors, n'y a-t-il pas une attitude générale qui se propose à l'homme et qui résume l'ensemble de ses rapports avec le monde social et le monde cosmique, avec lui-même, les contradictions et les harmonies qu'il trouve partout, en lui comme en dehors de lui? Il semble bien qu'une attitude lui convient, en effet, et que c'est une attitude d'ironie.

Cela ne veut pas dire que l'ironie soit le fon-

dement exclusif d'une morale, et qu'il y ait une
« morale de l'ironie » au sens où il y a eu une
« morale de la sympathie » ou une « morale du
devoir ». Cela veut dire simplement que l'ironie semble une attitude générale de l'homme,
qui, convenablement prise, répond assez bien
à la nature générale du monde et des sociétés.
Il est trop évident que l'attitude ironique ne
constitue pas, par elle-même, une morale.

II

§ 1.

L'ironie est une forme du mensonge. C'est un
mensonge avec lequel on ne cherche pas toujours à tromper, encore que l'on y arrive souvent. Elle suppose, comme tout mensonge, une
contradiction entre l'expression et une partie au
moins de la pensée. En général son auteur connaît cette contradiction, même il s'y complaît,
il en apprécie la saveur et la portée, et il s'en
sert pour quelque fin esthétique ou pratique.

Il y a bien des espèces d'ironie. Qu'elles ne
soient pas toutes recommandables, cela va de
soi. Il y a une ironie épaisse, lourde et basse,
il y a une ironie ailée et subtile. Il y a une
ironie méchante et une ironie dédaigneuse ou
bienveillante. Il y a une ironie naïve et une
ironie désabusée, il y a l'ironie du misanthrope
et celle du philanthrope, celle de l'assassin qui

raille sa victime et celle qui peut-être inspira Jean Huss sur son bûcher. Et, si inégales qu'elles soient, ces différentes ironies trouvent sans doute une raison d'être, sinon une justification dans la nature de l'être qui les emploie et dans les circonstances de sa vie. Chacun se défend comme il peut.

L'attitude ironique morale dérive naturellement de la vue des mensonges et des contradictions du monde, des sociétés, des individus. Elle est notre réaction synthétique. Elle suppose que nous pouvons apprécier le contraste des réalités et des apparences, de la nature des choses et des conventions sous lesquelles nous les voilons aux autres et à nous-mêmes. Elle permet à notre esprit d'adapter son action à la situation présente et de préparer l'action future, différente et même opposée que nous devons déjà prévoir et qu'il ne faut pas rendre impossible. Elle permet à nos sentiments et à nos idées de s'organiser sans raideur et de conserver leur plasticité. Elle est la réponse naturelle de l'homme, réponse contradictoire et unifiée à la fois, aux contradictions du monde, de la vie et de l'esprit, elle le laisse à la fois s'adapter à la réalité la plus large et tâcher d'adapter la réalité à lui, dans la mesure où cela est possible.

§ 2.

Notre ironie signifiera que nous ne nous illusionnons pas sur la valeur des actes et des

sentiments humains. Ceux dont on est le plus
fier ne valent que par leur ajustement à un côté
et parfois à un côté passager ou insignifiant de
la réalité. Les sentiments, les actes opposés
s'adapteraient à un côté différent. Et sans doute
ils ne viendraient pas toujours à propos. Mais
sans eux, sans leur possibilité ou sans leur sourde
influence, les premiers resteraient incomplets.

Je veux dire par là que les manières d'être
et les actions que nous considérons comme des
défauts, des vices ou des crimes ne sont guère
que des qualités, des vertus employées mal à
propos, ou le résultat de ces tendances, ou encore des vertus possibles.

Chacun de nous, même chacun de nos actes,
chacune de nos pensées représente un monde
auquel il serait adapté, une société dans laquelle
il serait bon. Nos vertus pourraient être des
vices. La générosité, louable chez un riche,
devient un défaut grave chez un pauvre chargé
de famille. L'audace qui est une qualité chez
le fort est un vice ridicule chez le faible. De
même il pourrait exister telle forme sociale où
la paresse fût une qualité, où un esprit actif
dérangerait les choses plus qu'il n'en améliore-
rait l'ordre, telle autre, où la brutalité fût une
défense nécessaire, telle autre encore où la
fausseté serait la seule adaptation possible aux
mensonges de la société. Toutes ces sociétés ne
seraient pas d'égale valeur et l'on pourrait en
trouver les raisons, si c'en était le lieu, et essayer par là une classification des qualités mo-

rales; mais elles peuvent toutes exister et subsister.

Dans notre société, les défauts, les vices,
spécialisés dans quelques fonctions, confinés
chez quelques individus, astreints à se développer dans les occasions indiquées, ou même
inconscients et non avorés sont nécessaires,
et, en un sens, bienfaisants. Et nous retrouvons
ici, par un autre côté, le problème de la vertu,
examiné plus haut sous un angle différent.

C'est là une vérité fort méconnue et proscrite
comme immorale, quoique tout le monde la con-
naisse et l'applique. Peut-être y-a-t-il quelque
intérêt à la regarder en face, au moins de temps
en temps. L'illusion, il est vrai, a son utilité,
et je ne la méconnais point, mais il faut quelquefois la prendre pour ce qu'elle est.

Le sens de la dignité rehausse la vie, mais le
cynisme et la bassesse sont des moyens de parvenir. Parmi les plus fiers et les plus dignes,
qui n'a jamais eu la moindre faiblesse? Il suffit
pour tout concilier que cette faiblesse passe
inaperçue, qu'on se la cache à soi-même, qu'on
en fortifie, au contraire, son orgueil. Et on l'appellera respect des convenances ou des situations, habileté ou prudence. La générosité fait
parfois un bon usage de la richesse acquise, mais
ce n'est pas elle qui l'a formée. Sans l'avidité
égoïste ou étroitement familiale, elle n'existerait
pas. Ce que l'on appelle hypocrisie n'est souvent
qu'une prudence ou une réserve que l'on juge,
peut-être à tort, hors de propos. Mais entre le

cynisme et la franchise courageuse, c'est surtout l'opinion de leur juge qui établit la différence.

Il faut aller plus loin et généraliser. La morale convenue ne tient guère compte que de
l'harmonie des intérêts et recommande comme
vertu, en se trompant d'ailleurs, ce qui lui paraît s'y conformer. Il faut tenir compte de l'opposition et de la lutte, ouvertes ou cachées, qui
ne sont pas moins nécessaires à notre vie, ou
bien prêcher le renoncement absolu. On vante la
bonté. Avec raison sans doute, puisque l'humanité n'aura jamais trop de bonté intelligente.
Mais comment vivrions-nous de bonté ? Et qui ne
voit que la cruauté, ou tout au moins une large
indifférence est la condition de toute vie ?

Je ne veux pas insister ici sur ce qu'un certain mépris de la souffrance humaine facilite
l'exercice de quelques professions très diverses
et assez répandues. La cruauté, naïve ou réfléchie, est une chose bien autrement générale.
Nous ne vivons que de la mort d'autrui, des
gens, des bêtes et des plantes. Et dans la société
tout ce que nous possédons, en général, nous
l'enlevons à quelque autre et nous l'en privons.
Le contraire est vrai aussi, et de tout ce que
nous avons, les autres profitent plus ou moins,
mais il faut voir les deux faces de la réalité, et
c'est la condition de l'ironie. Pour que je vive,
d'autres doivent mourir ; pour que je réussisse,
d'autres doivent échouer. Si j'obtiens une
place, une décoration, on la refuse à vingt au-

tres. Tout marchand qui fait une affaire frustre un de ses confrères et réciproquement. Le possesseur d'une fortune empêche ses héritiers d'en jouir. Tout objet dont je me sers représente les peines, les privations d'autrui; l'argent dont je l'ai acquis représente les miennes propres ou celles de quelque autre encore, et tant que je le possède, je prive les autres d'une utilité que tous ne possèdent sans doute pas. Aucune de nos joies n'est innocente. Un poète a comparé l'homme à « l'enfant candide et sanglant d'une ogresse ». Et cela est juste. Et aussi l'on s'est efforcé de nous faire rester enfants, d'épaissir notre candeur, de nous empêcher de voir le sang et les larmes qui ruissellent de tous côtés. L'ogresse nous berce doucement, et nous endort, quitte à nous réveiller sous le couteau quand notre jour est venu.

Croirait-on vraiment qu'il suffit de ne plus penser à notre cruauté pour la supprimer? Cela est bien engageant. Mais quel vice ou quel crime ne trouverait ainsi son excuse? Tant que nous profitons de la douleur et de la mort des autres, c'est-à-dire tant que nous vivons, il nous faut accepter, si nous voulons être sincères, la responsabilité de cette douleur et de cette mort.

La vie sociale a les mêmes exigences que la vie individuelle. L'être innocent, celui qui ne nuit jamais, ne saurait vivre. Mais que deviendrait une humanité qui ne se déciderait pas gaîment, ou tout au moins ne se résignerait pas à

exproprier ou à exploiter les autres habitants de
sa planète, à refouler et à supprimer les espèces
trop ennemies ? Où que nous regardions, la même
parole pèse sur nous.

Voilà bien un des plus beaux et des plus tris-
tes sujets d'ironie. Quel contraste entre nos aspirations à l'amour universel, au règne des fins,
à la bonté dominant le monde, et cette lutte san-
glante ou sourde, où se ruent sans relâche les
êtres vivants ! Quel contraste entre la douceur
naïve d'un enfant, et les meurtres, les peines,
les ruines, les fatigues, les maladies, les souffrances de toute nature qui ont rendu possible
sa venue en ce monde après tant de générations ; que représentent sa vie même, sa nour-
riture, ses vêtements, les objets de ses premiers
désirs et de ses goûts enfantins ! Dans chaque
produit de notre civilisation s'est concrétée une
infinité de peines et de souffrances. Et quelle
ironie latente dans les pensées du philosophe
qui ayant, sinon découvert, du moins mis en
lumière mieux que personne avant lui, la lutte
pour la vie et son mécanisme, se réjouit doucement en son cœur, et féliciterait volontiers le
Dieu bon et sage d'avoir si ingénieusement
assuré le développement des êtres !

C'est cette ironie que je voudrais faire jaillir
des âmes où elle sommeille enveloppée et confuse, où se trouvent du moins son germe et ses
convictions. Tous les sentiments et toutes les
croyances de l'homme s'y prêteraient : le contraste entre son orgueil et sa bassesse, ses con-

victions et ses espérances, ses aspirations et sa
nature, son importance affectée et sa petitesse
d'être inconnu, blotti dans un coin infime et obscur du temps et de l'espace, son respect des conventions qui soutiennent sa vie et en préparent
la ruine, et ses transgressions continuelles des
ordres qu'il en reçoit. Et je ne veux pas dire que
tous ces mensonges soient mauvais, que toutes
ces illusions doivent se dissiper. Tout cela est
nécessaire à l'homme. Il a l'esprit étroit et débile, il lui faut des béquilles. Elles l'aident à
marcher, mais elles perpétuent sa faiblesse, s'il
les regarde comme des institutions divines et ne
sait pas se résigner à en changer. Il ne faut pas
qu'il les jette brusquement, mais qu'il apprenne,
sinon à s'en passer, du moins à en accepter
d'autres, plus légères, qu'il en change à mesure
qu'il grandit. Et c'est bien ce qu'il fait mais il
le fait mal. Il se borne trop à en changer le ver-
nis et la couleur, et se flatte trop aisément d'être
arrivé à la béquille idéale, à la béquille éternelle en méprisant les béquilles à la vieille mode
qui ont jadis soutenu ses ancêtres. Sans doute,
l'homme et l'être quel qu'il soit restera toujours
boiteux. Il convient de se résigner à ce qu'il ait
toujours besoin de béquilles. Et peut-être aussi
est-il bon qu'il prenne parfois ses béquilles pour
un signe de force et de gloire. Peut-être est-il
bon pour la vie sociale, que chez bien des gens
la claire vision de l'incohérence du monde, et
l'ironie qui doit y correspondre ne se produisent
jamais. Il faut partout une division du travail

et une différe. ation des fonctions. Et c'est un
nouveau sujet 'ironie pour les autres.

§ 3.

L'ironie est une bonne condition d'équilibre
et de sagesse. Je sai. bien que la sagesse et
l'équilibre, comme la perfection dont ils sont
une image appropriée à notre état sont peu es-
timés. Ce qu'il est à la mode de nous recommander, depuis quelque temps, c'est plutôt
l'élan, et c'est la volonté. On ignore ou l'on feint
d'ignorer que la volonté mal dirigée est un
danger plus qu'une ressource. Et pourtant si
l'homme pèche de quelque côté, il semble bien
que ce soit moins par défaut d'impulsion que
par manque de clairvoyance. Un agité peut trou-
bler la vie de bien des sages, c'est peut-être
une raison. non point de recommander l'agita-
tion aux sages, mais de les engager à prendre
des mesures contre les agités. Notre ironie développe la maîtrise de soi. Par le jeu des tendances et des idées adversaires qu'elle suppose,
elle est opposée à l'emballement et à l'irréflexion.
Sans doute il est facile d'être ironique sans
clairvoyance et sans réflexion vraie. Les formes
inférieures de l'ironie foisonnent, j'y reviendrai.
Mais ce ne sont pas celles que je recommande.

L'ironie comporte une certaine supériorité de
l'âme par rapport à ses idées, à ses passions, à
ses préoccupations du moment. Cela est bon.

Un sentiment, une idée n'ont de valeur qu° par leurs rapports avec un immense ensemble d'autres sentiments, d'autres idées et d'autres actes, ils doivent se coordonner et se subordonner. L'ironie qui résulte d'une conception générale de la vie est très favorable au contrôle permanent, qui doit non pas être toujours actif, mais être toujours possible. Elle empêche cette sorte d'idolâtrie, qui n'est que trop commune, pour l'idée du moment et la passion actuellement en jeu.

§ 4.

L'ironie ne produit nécessairement ni l'indifférence, ni la mollesse. Elle n'est point un procédé pour nous empêcher de sentir, d'aimer, de croire et d'agir, mais plutôt pour éprouver nos impressions, nos pensées et nos volontés. Elle peut les affaiblir, elle peut les fortifier. Prendre le sentiment de ce qu'il y a d'éphémère, de relatif, de contingent en eux, c'est parfois en assurer ou en prolonger la vie. Le provisoire est très durable. D'ailleurs, si le contrôle doit avoir ses limites et se restreindre à certains moments l'ironie trouve en elle-même le frein qui la retient. Il convient d'être ironique même vis-à-vis de l'ironie.

Si son influence inhibitrice s'exerce sur nos idées et nos sentiments, elle s'exerce aussi sur leurs réducteurs. Si nous ne nous illusionnons pas sur ceux-là, nous ne devrons pas surfaire ceux-ci. Le rôle de l'ironie est de régulariser la lutte des idées et des croyances, et non point de la stériliser. Il est ordinaire de qualifier l'ironie d'inféconde et de l'opposer à l'activité. Et certes l'ironie n'est point à elle seule une activité suffisante, elle ne peut s'exercer qu'à l'occasion des autres activités, mais elle est une bonne condition pour que celles-ci donnent leur maximum d'effet utile. Et s'il y a une sorte d'ironie à l'usage des impuissants, il en est une autre pour les forts. En fait les hommes en qui s'est éveillée l'ironie ne m'apparaissent pas moins capables d'une grande œuvre que les plus lourdement convaincus. La politique contemporaine en France m'en fournirait, je crois des exemples, et j'en trouverais parmi les hommes d'État les plus en vue et non les moins actifs de ces dix dernières années. On a vu aussi de fins ironistes, délicats écrivains, se jeter naguère dans la bataille des partis. Bismarck, qui ne fut point un rêveur inactif, savait manier une grosse et forte ironie. Napoléon, s'il a bien dit : « Après ma mort, le monde fera : ouf ! » ne laissa pas d'être, à ses heures, un ironiste clairvoyant. Le monde entier aurait peut-être gagné à ce qu'il le fût plus souvent. Et enfin, s'il y a, comme je pense, quelque ironie dans le mot qu'on prête à Jean Huss sur son bûcher, l'ironie n'empêcherait donc pas une conviction plus forte que les flammes et la mort.

§ 5.

Naturellement l'ironie vaut ce que vaut l'esprit qui la pratique. Elle est un procédé général excellent, mais qui peut être mal employé, un procédé de défense qui protège parfois des choses fâcheuses. Il y a l'ironie des impuissants. Elle se recommande à ceux qui n'en peuvent avoir d'autre. Ils raillent ce qu'ils ne peuvent comprendre, ce qu'ils ne peuvent sentir et ce qu'ils ne peuvent faire. Ils repoussent, par elle, toutes les idées, tous les sentiments supérieurs qui les assaillent et qu'ils ne peuvent recevoir. Ils cherchent, eux aussi, à vivre d'une manière supportable, mais nous n'avons pas à les admirer.

Il y a l'ironie des envieux; c'est un peu la même. Seulement il se trouve des gens qui ne sont point impuissants mais qui ne supportent guère que les autres ne le soient pas. Ils ont besoin de dénigrer ce qu'ils n'ont pu avoir, surtout s'ils l'ont désiré. C'est ainsi qu'ils peuvent faire apprécier et apprécier eux-mêmes ce qui leur reste.

Ce sentiment est très répandu, presque universel. L'homme qui se complaît le plus béatement dans ses idées et ses satisfactions prend aisément l'attitude ironique quand il juge le bonheur des autres. Son ironie perce parfois le voile des paroles de politesse et des compliments sincèrement affectueux. Même cachée, on peut discerner une vague prescience, une vision claire ou confuse de la fragilité du bonheur d'autrui, de son imperfection, de sa qualité toujours mêlée ou douteuse. Ces remarques ne vont pas sans une secrète joie et un orgueil inavoué.

Toujours quelque mensonge tache les félicitations qu'attire une chance heureuse. Le bonheur de l'homme est toujours pour les autres, même s'ils en profitent, un vol et une menace. Aussi leur joie de ce bonheur n'est jamais pure ou bien elle est très superficielle et passagère. Quand le « nous » se réjouit, le « moi » proteste. Le mensonge est à peu près inévitable. L'ironie de l'envieux commence quand il se rend compte de ce mensonge, quand il l'accepte, en fait une sorte de revanche ou simplement le constate avec une mélancolie qui n'est pas sans douceur. Quiconque a vu des gens se congratuler a eu l'occasion de remarquer une nuance de tristesse sympathique parfois, mais aussi du dédain, et de la malveillance vive, dans des compliments relativement sincères. Naturellement tout cela s'affirme surtout à l'égard des parents, des amis, de ceux avec qui l'on entretient des relations intimes. Le bonheur, le succès d'un indifférent est moins offensant et passera inaperçu. Celui d'un ennemi peut rendre furieux. Mais parfois l'ironie reparaît ici avec l'idée des petites compensations inattendues qu'on aura peut-être, ou l'espoir que sa chute en sera plus rude.

L'ironie des envieux est extrêmement répan-

due. Sous des formes latentes et sourdes sinon
évidentes et déclarées elle est peut-être une
défense vitale nécessaire. Elle peut devenir
vraiment morale quand la conscience de la discordance fondamentale et le petit plaisir qui
provient de la réaction du moi se joignent au
plaisir de la sympathie et au maximum de bienveillance compatible avec la circonstance et
l'état social donné.

§ 6.

L'ironie n'amène pas forcément la malveillance. Elle n'est pas forcément dédaigneuse
et hautaine. La sympathie, la bonté l'accompagnent parfois. J'ai pu remarquer qu'elle abritait
aussi la faiblesse. Ceci est vrai pour des ironies
sans rapports visibles très étroits avec l'attitude
morale que conseillent les traits caractéristiques
du monde et des sociétés. Une certaine ironie
glisse plus de délicatesse dans les louanges,
met une réserve discrète aux expansions affectueuses. Elle ne paraît pas avoir d'autre portée.
Et pourtant si on l'analyse, on y peut trouver
encore une conscience obscure de cette opposition et de cette hostilité qui en sont le fondement solide et lui donnent un sens philosophique. L'ironie bienveillante souligne l'accord
en présentant un désaccord factice et léger. Mais
elle ne fait point disparaître le désaccord réel.
Elle le cache sous cette double enveloppe du dé-

saccord superficiel qu'elle proclame et de l'accord réel qu'elle suggère volontairement. Mais précisément parce qu'elle le cache, elle en reconnaît l'existence et peut la faire découvrir. Par là elle reprend toute son importance, elle se complique et s'amplifie. Pour peu que celui qui l'exerce la comprenne ou agisse comme s'il la comprenait, elle redevient une attitude vraiment philosophique et aussi vraiment morale.

§ 7.

L'ironie n'est pas seulement une défense contre les autres. Elle peut être aussi une défense de soi-même contre soi-même et des autres contre soi. Si nous comprenons ce qu'il y a d'incohérent, d'essentiellement mauvais, de ridicule dans le monde, reconnaissons aussi nos incohérences et nos petitesses, et si nous ne pouvons les comprendre, méfions-nous en par provision. Ce qui nous enchante et nous paraît supérieur est encore insuffisant et médiocre. C'est ce que n'ont pas toujours su voir des esprits élevés qui ont failli quelquefois. Renan lui-même qui comprit si bien l'ironie de tant de choses avait sa foi, lui aussi, et ses « certitudes ». Il en a même rempli un chapitre de ses *Dialogues*. Son zèle pour la science est amplifié par quelque crédulité. Lui qui a compris l'ironie de la vertu ne s'est pas suffisamment avisé de l'ironie du savoir. C'est peut-être qu'il était plus « vertueux » que

« savant », et aussi qu'il avait plus et mieux philosophé sur le problème religieux que sur les questions de la connaissance.

Une ironie assez basse marque certains esprits. C'est une sorte d'affectation de supériorité, volontiers impertinente. C'est l'ironie de ceux qui ne veulent pas prendre la peine d'entrer dans les opinions et les sentiments d'autrui ou qui ne peuvent y parvenir, mais qui les dédaignent ostensiblement, en ayant l'air d'en avoir reconnu de toute éternité le peu de valeur. Cette attitude, très dogmatique, est glorieuse et facile. Elle s'aggrave parfois d'une sorte de bienveillance.

Cette ironie n'est pas toujours très sincère. Elle peut être une simulation inconsciente, la défense d'un esprit timide, vaniteux et susceptible, parfois trop impressionnable qui se raidit et s'isole dans des attitudes hautaines[1]. Sous toutes ses formes elle a pour caractéristique de ne se retourner jamais contre son auteur, ni contre elle-même, elle reste insuffisante.

§ 8.

L'ironie n'empêche même pas l'enthousiasme. L'esclave en rappelant au triomphateur qu'il était un homme n'empêchait point le triomphe. Il en indiquait la portée, et sans doute savait-il

---

1. Elle se rattache alors à la fausse impassibilité que j'ai étudiée dans *les Mensonges du caractère* (Paris, F. Alcan).

parfois se taire. L'ironie peut simplement diriger d'une main légère l'enthousiasme, lui rappeler sa condition humaine et s'effacer discrète-
ment, sans trop s'éloigner, quand le moment
en est venu. Il est très bon que nous soyons en-
thousiastes. Et les vraies occasions n'en sont
pas si fréquentes qu'il soit prudent de les laisser
échapper. Mais si l'ironie nous avertit qu'il en
est aussi de mauvaises, c'est un service qu'elle
nous rendra.

Sans doute toutes nos admirations témoignent de notre naïveté. Mais nos dénigrements,
nos critiques aussi. Et l'ironie, ici encore, peut
permettre à nos goût et à nos idées de se déployer avec plus d'harmonie. Nous sommes toujours un peu suggestionnés pour ou contre ce
que nous apprécions. Il n'est pas mauvais que
nous nous en apercevions quelquefois et que
nous n'ayons point trop la prétention d'ériger
en dogme éternel et immortel, nos opinions et
nos goûts qui sont toujours affaire de temps,
de lieu, de circonstances et qui relèvent même
de notre fantaisie. Nous pouvons admirer vivement, admirer trop, ce qui est nécessaire, sans
être dupes de cette admiration. L'esprit de
l'homme résout aisément bien d'autres contradictions, et de bien plus profondes.

Naturellement cette ironie a aussi sa carica-
ture, l'ironie des blasés, des aveugles ou des
jaloux. Elle rejoint à leur niveau les autres
formes basses d'ironies déjà signalées et se confond partiellement avec elles. Il est des gens

qui se plaisent à parler sur un ton d'ironie injurieuse ou condescendante de tout ce qu'admirent les autres. Ils diffèrent des dogmatiques dont je parlais tout à l'heure en ce qu'ils parlent parfois d'eux-mêmes sur le même ton. Ils s'élèvent ainsi au-dessus des autres et au-dessus d'eux-mêmes. Encore n'aiment-ils pas que, dans cette dernière opération on les suive de trop près. Leur ironie — quand elle n'est pas encore une simulation de timide impressionnable, qui s'adapte mal au caractère, craque et se fend çà et là — reste roide et guindée.

§ 9.

L'ironie qui naît devant la contradiction n'est point obligée de la trop dédaigner. Un peu d'ironie rabaisse; beaucoup d'ironie relève parfois.

Peut-être surtout l'ironie rend-elle les choses plus aimables. Ce qu'elle y découvre d'imparfait et de contradictoire peut les rapprocher de nous. Nous sentons mieux comment les plus hautes idoles sont faites de notre vie, de notre sang, de nos larmes et de nos soucis, quand nous retrouvons en elles nos contradictions et nos troubles.

Mais nous prenons peut-être même une estime plus nette et plus sérieuse des réalités élevées en les mesurant mieux, et précisément en les rapprochant des choses inférieures. Le génie n'est point diminué par toutes les analogies qu'on pourra lui découvrir avec la folie, ni la grandeur morale parce qu'il n'est pas toujours facile de la distinguer de son contraire. Ce sont plutôt les différences absolues entre les choses qui empêchent de les évaluer. Nous sentons mieux la grandeur de l'Himalaya en le comparant au Mont-Blanc ou au moins à quelque colline qu'en le comparant à une orange. Les échelons qui mènent d'une chose à l'autre marquent aussi la différence qui les sépare. Et l'ironie ne nous fait voir que plus clairement par le rapprochement même, de combien certaines grandeurs en dominent d'autres. Que toutes nos impressions et tous nos jugements ne soient pas en cela d'une logique très haute, je n'y contredirai pas. Ils conviennent à la faiblesse de l'homme.

Mais elle nous apprend aussi à aimer ou à estimer dans les valeurs inférieures ou négatives ce que nous admirons dans les plus hautes. Si nous entrevoyons que les qualités qui ont désigné un homme à l'admiration universelle, auraient pu, en d'autres circonstances, le pousser à l'échafaud, et réciproquement, peut-être aurons-nous une compréhension plus saine, sinon un plus vif amour des forces que nous méprisons.

Et si l'ironie peut s'élever assez haut, elle nous fera comprendre même la valeur des plus petites choses. Si elle ne va pas jusqu'à nous suggérer qu'un âne

Pour Dieu qui nous voit tous est autant qu'un ânier,

cependant elle nous laissera entendre que l'âne, l'ânier, et même les princes et les rois, et les savants, et les artistes, et les philosophes, quelles que soient les différences qui les séparent les uns des autres, sont peu de chose dans le monde et qu'il conviendrait mieux à leur nature de ne pas s'accabler entre eux de leur haine et de leurs dédains. Et de même, s'il est plus noble d'écrire une symphonie que de jouer au bridge, nous comprendrons fort bien que le bridge ne soit pas à dédaigner pour celui qui n'a pas de symphonie à écrire, ou qui, en ayant composé une, désire varier ses plaisirs. Et l'ironie peut ainsi nous rendre les offices les plus opposés.

§ 10.

Il ne serait pas utile, sans doute, de préciser davantage les qualités que comporte l'exercice de l'ironie. Ce qui précède suffit à indiquer la voie. Je voudrais maintenant résumer et synthétiser ce qui précède, dégager le système général de morale qui peut se rattacher à l'ironie.

Ce qui ressort, sans doute, avant tout, c'est la formation d'un esprit nouveau qui n'est ni l'esprit individuel, ni l'esprit social, ni le « moi » égoïste, ni « les autres », qui est en dehors d'eux, qui ne résulte pas de leur mélange indistinct et confus, mais qui s'organise en dehors et au-dessus d'eux, qui les juge et les apprécie, les unit et les dirige.

L'ironie même le suscite et le développe, mais elle le suppose, et tout au moins il naît avec elle, se dégageant des luttes et des contradictions de la vie. Un être nouveau germe ainsi et grandit encore empêtré, retenu, mal dégrossi, qui comprend la complexité et l'incohérence du moi primitif, moi égoïste et moi social è la fois. Il sort de ces « moi », il participe de leur nature, et pourtant il s'oppose à eux et doit les dominer. Il augmente d'abord la complexité primitive et l'incohérence même par cela seul qu'il les comprend. Mais, selon l'universelle loi des institutions sociales et des formations psychologiques, né d'une discordance qu'il aggrave d'abord, il tend à y remédier, et par là, il tend indirectement à se supprimer lui-même.

Il se forme, comme tout ce qui se forme, en se détachant de ce qui l'a précédé, en s'opposant à ce dont il procède tout en s'y associant étroitement. Il est uni au « moi » et au « nous », il sort d'eux et pourtant il s'oppose à eux, et les combat au besoin. Et par là il peut acquérir quelque impartialité, et aussi plus de clairvoyance.

Il saura que la part à faire au moi et au nous varie selon les individus, les temps et les circonstances. Il saura qu'il n'y a en morale rien d'absolu, et, en adoptant cette formule banale il lui donnera un sens nouveau et plus vivant. Il comprendra que, dès qu'on s'élève un peu au-dessus des fins prochaines du métier, de la vie de tel individu, ou tout au plus de tel peuple, l'approbation ou la désapprobation ne signifient guère autre chose que la sympathie ou l'antipathie du juge, et qu'il en est souvent ainsi même dans les autres cas. Il se rappellera que tout sentiment, tout acte n'est bon ou mauvais que dans des circonstances précises et que sa valeur dépend de ces circonstances; que le meurtre, par exemple, est quelquefois moralement supérieur à la pitié. Il saura que si, ni les hommes, ni les groupes sociaux ne sont égaux entre eux, et s'il est important d'en établir la hiérarchie, cette hiérarchie est souvent difficile ou impossible à préciser. De plus notre vie, nos actes, notre imagination même sont enfermés dans un cercle si étroit, il y a autour de ce cercle tant de possibilités ou de réalités inconnues que les jugements portés par nous restent toujours incertains et petits; s'ils sont trop arrêtés ou trop âpres, ils se teintent de ridicule. Nous ne pouvons rien dire sur le bien et le mal, dès que nous sortons des formules abstraites, en dehors de notre expérience si courte, et, dans les limites même de cette expérience, nous ne disons bien souvent que des sottises.

C'est pourquoi l'esprit sera conduit par l'ironie à quelque tolérance. Il combattra quand il le jugera bon, mais ce qu'il combattra, ce qui lui semblera inférieur, il en comprendra la raison d'être et la réalisation possible. Il jouera la partie en admettant que l'adversaire peut la gagner et que cela ne bouleversera sans doute pas l'ordre du monde. Il jouera de son mieux et s'efforcera vers le triomphe, mais se gardera peut-être aussi des joies outrecuidantes et des désillusions amères.

Il se méfiera naturellement de tous les préceptes particuliers de la morale, des « vertus », des « points d'honneur », de toutes les morales spéciales et professionnelles. Il sait que tous ces biens ne sont que des moyens, qu'ils ne valent que par des fins plus hautes, la vie sociale d'un peuple ou de l'humanité, qu'ils représentent et que, bien souvent, ils représentent mal. Ils sont comme les préfets d'un gouvernement lointain, qui cherchent à se rendre indépendants, à substituer à la sienne leur propre volonté.

Cependant le tiers esprit saura leur utilité, et que quelques abus sont nécessaires. L'homme n'est à peu près jamais capable de poursuivre, ni de reconnaître clairement les fins très hautes et très éloignées. Il ne sait pas s'adresser aux puissances suprêmes. Entre Dieu et lui, il multiplie les intercesseurs, les saints spéciaux, et les vierges locales. Un paysan s'adresse au maire de son village plus volontiers qu'au ministre. Ainsi l'homme s'attache, au petit bonheur, à quelque idéal restreint et borné, à quelque honneur particulier. Il est bon qu'un esprit se forme pour comprendre cette manœuvre, la diriger et la contrarier au besoin.

Le tiers esprit prendra conscience de son isolement et de sa communion avec les autres êtres. Il est le frère de tout ce qui est, bien mieux, il est à quelque degré tout ce qui existe et tout ce qui existe est en lui. Il sait aussi que d'autre part tout ce qui existe lui est étranger, et, par là, hostile, qu'il est, en tant qu'être particulier, unique et absolument seul en ce monde. Il saura que ces deux faits d'identité et de diversité, d'amour et de haine, sont la substance même de l'être, la raison de l'existence et que sans leur diversité, le monde serait anéanti. Et ce qu'on doit appeler le bien est une marche vers l'union plus étroite, vers l'identification complète; ce qu'on doit appeler le mal, une marche vers l'incohérence et la division. Mais la réalisation parfaite du bien est incertaine et peut-être impossible. Nous n'avons pas idée des moyens d'y arriver, et dans cette marche au néant, nous sommes à peu près comme un homme qui, voulant aller à pied en Chine, posséderait pour toute ressource un plan grossier de sa petite commune.

Il saura que le problème moral est insoluble. Actuellement la diversité existe, et le devoir n'obligerait réellement que si cette diversité n'existait pas, et alors il serait inutile. Il est illogique ou vain. Il indique seulement une pression de l'ensemble sur les éléments. Il tâche de les amener à une sorte de suicide. Tant qu'ils vivent, il est illogique et assez inutile de prêcher le « socialisme », « l'unanimité » (je prends ces mots en leur sens le plus fort), comme il le serait de prêcher « l'individualisme ». Les états opposés vers lesquels tendent ces doctrines sont également incompatibles avec l'existence et nous en

sommes trop loin. Il serait vain aussi de chercher des règles générales pour les concilier et
faire à chacun sa part. Leurs rapports sont affaire
de temps, de milieux, d'individus. Il est des peuples qui à un certain moment s'accommodent de
plus ou moins de socialisme ou de plus ou moins
d'individualisme. Et il est bien difficile de dire
ce qui convient même à un peuple donné à un
moment donné de son histoire. Le devoir est très
souvent impossible à indiquer avec quelque précision.

§ 11.

Le tiers esprit écoutera les discours de l'âme
sociale et de l'âme individuelle. Il tâchera de les
comprendre, de les dépasser et de s'en servir.
L'âme sociale lui montrera que l'homme n'existe
et ne vaut que par la société, qu'il en est un produit et un élément, qu'il n'a qu'en elle sa raison
d'être et qu'elle seule fait son prix. Et l'âme
individuelle répondra en invoquant l'hostilité
forcée de tous contre chacun, l'isolement réel de
chaque moi. Elle dira que la société n'est que
ce que l'ont faite les esprits exceptionnels qui
ont tracé les voies où la foule s'est engagée. Elle
prétendra que le véritable intérêt de la société,
ce qui peut le mieux la faire grandir, c'est de
laisser l'individu acquérir son maximum de
personnalité.

Elle ajoutera que chacun de nous ne représente pas seulement lui-même, mais une société

entière faite à son image, à l'existence virtuelle,
mais qu'il tend à réaliser. Et ce sont souvent
les représentants des formes sociales les plus
hautes, les plus élevées, les plus lointaines peut-
être, mais non peut-être les moins fortes, ni les
moins viables, qui sont particulièrement frustrés,
méconnus et persécutés. Pour eux il faut maintenir une très sérieuse quantité d'individualisme.
L'idéal qu'ils incarnent ne fût-il qu'un rêve
irréalisable — ce dont il est impossible de juger
— sa valeur esthétique s'élève parfois au-dessus
de la société réelle qui le nie, qui l'étouffe et
qu'il embellit.

Le tiers esprit écoutera tout cela et il saura
qu'il ne peut y avoir de règles générales absolues pour régler le conflit. Il prendra son parti
dans les cas qui se présenteront, en tâchant de
comprendre ses propres désirs et ses aptitudes,
ceux aussi de son temps et de son milieu. La
morale vraie est un art difficile et délicat, plein
de nuances et semé de pièges. Il ne s'illusion-
nera pas trop. Il saura que, quoi qu'il fasse, et
même s'il ne fait rien, il blessera des intérêts
et froissera des sentiments, il souffrira et fera
souffrir. Et il trouvera encore d'inépuisables
sources d'ironie attristée et bienveillante, dans
ce chaos d'accords et d'oppositions, d'aspirations et de croyances, dans le contraste des
intentions, des conventions, des prétentions et
des effets obtenus, de ses propres désirs même
et des conclusions logiques et pratiques auxquelles il se trouve amené.

Sans doute il aura ses préférences aussi et se fera son idéal. Et, tel que je le conçois, ses préférences iront à une forme sociale, à un système moral qui donneraient à l'individu le maximum de développement individuel compatible avec une harmonie de l'ensemble aussi pure que possible, mais pas très serrée. Les individus sont aujourd'hui trop en contact. Cela multiplie les hostilités et sans doute aussi les accords superficiels, mais par-dessus tout peut-être les froissements. Ses désirs tendraient à susciter une humanité pacifique, moins industrielle qu'artiste, où les éléments seraient un peu plus libres, seraient moins pressés les uns contre les autres, au physique et au moral, où s'ébaucheraient librement des groupes plus unis qui s'agrandiraient peut-être, en brisant les vieilles formes d'associations, et se fédéreraient à leur tour. Mais cet idéal-là est trop loin de nous et trop opposé aux désirs actuellement visibles de l'humanité pour qu'il y ait intérêt à le développer. Et le tiers esprit ne s'illusionnerait point trop à son sujet.

§ 12.

Il comprendrait que ses propres idées doivent être aussi l'objet de son ironie. Il l'exercerait aussi sur son ironie elle-même. Il éviterait d'en faire un absolu, même de vouloir trop l'universaliser. Il sait que la morale demande la différenciation des fonctions, et que chacun de nous n'a ni à faire le même travail que les autres, ni à travailler de la même manière qu'eux. Il est des gens faits pour agir sans penser, pour croire sans douter, pour jouir naïvement, pour ne pas comprendre et pour rester sans inquiétude. Ceux-là ont aussi leur rôle social dans notre humanité.

L'ironie tend, comme toutes les manières de penser, de sentir et d'agir, à devenir automatique, à se figer, et en même temps à se prendre pour la fin suprême. Le tiers esprit se gardera de cet écueil. Une ironie figée n'est plus bonne qu'à exercer l'ironie d'autrui.

Il saura enfin que son ironie est une forme passagère de la vie. Comme toutes les manières générales de penser, comme toutes les institutions, comme toutes les fonctions sociales, elle dérive d'une imperfection, d'un manque d'équilibre, elle en est le signe, et elle n'a d'autre raison d'être que de la corriger pour disparaître ensuite avec elle. La morale de l'ironie est évidemment celle d'un être qui est mal adapté à la vie, et c'est le cas de l'homme partagé entre son âme égoïste et son âme sociale, entre le « moi » et « les autres ». L'animal qui n'a que des relations sociales très restreintes, ou qui au contraire est bien adapté à ces relations, peut se passer d'ironie. Ni le perdreau, ni la fourmi ne doivent être ironiques. C'est qu'ils se contredisent moins que l'homme et qu'ils sont moins contredits par la vie. L'homme qui est l'être le plus élevé que nous connaissons est aussi le plus déséquilibré peut-être, puisqu'il est entre la vie sociale pour laquelle il n'était pas fait et qui le blesse encore comme une chaussure mal faite et trop neuve, et la vie individuelle qui lui est devenue impossible. L'ironie — en dehors de la portée plus générale qu'elle prend en s'appliquant au monde même et à toute existence, puisque toute existence implique quelque contradiction — l'ironie est le résultat de cette discordance. Elle tend à la réduire en promettant une harmonie un peu meilleure, par là, elle tend à se supprimer elle-même, selon la loi d'évanescence, et ce sera là, si on le veut bien, une ironie de plus.

FIN

TABLE DES MATIÈRES

TOURS

IMPRIMERIE E. ARRAULT ET Cie

3750

www.ingramcontent.com/pod-product-compliance
Lightning Source LLC
Chambersburg PA
CBHW072053080426
42733CB00010B/2106